国际经贸治理与中国改革开放联合研究中心

上海高校智库
上海对外经贸大学

Shanghai Center for Global Trade and Economic Governance (SC-GTEG)
Shanghai University of International Business and Economics (SUIBE)

本书出版得到教育部国别和区域研究备案基地世界贸易组织（WTO）研究中心、上海高校智库国际经贸治理与中国改革开放联合研究中心的支持。

我国资本流出的银行体系风险评估与防范对策研究

王 茜 著

WOGUO ZIBEN LIUCHU DE

YINHANG TIXI FENGXIAN PINGGU

YU FANGFAN DUICE YANJIU

中国财经出版传媒集团

经济科学出版社

Economic Science Press

图书在版编目（CIP）数据

我国资本流出的银行体系风险评估与防范对策研究/
王茜著．－－北京：经济科学出版社，2022.11
　ISBN 978－7－5218－4204－3

　Ⅰ.①我…　Ⅱ.①王…　Ⅲ.①商业银行－风险管理－
研究－中国　Ⅳ.①F823.33

中国版本图书馆 CIP 数据核字（2022）第 206627 号

责任编辑：高　波
责任校对：徐　昕
责任印制：邱　天

我国资本流出的银行体系风险评估与防范对策研究
王　茜　著
经济科学出版社出版、发行　新华书店经销
社址：北京市海淀区阜成路甲 28 号　邮编：100142
总编部电话：010－88191217　发行部电话：010－88191522
网址：www. esp. com. cn
电子邮箱：esp@ esp. com. cn
天猫网店：经济科学出版社旗舰店
网址：http://jjkxcbs. tmall. com
固安华明印业有限公司印装
710×1000　16 开　13.5 印张　200000 字
2022 年 11 月第 1 版　2022 年 11 月第 1 次印刷
ISBN 978－7－5218－4204－3　定价：66.00 元
（图书出现印装问题，本社负责调换。电话：010－88191510）
（版权所有　侵权必究　打击盗版　举报热线：010－88191661
QQ：2242791300　营销中心电话：010－88191537
电子邮箱：dbts@ esp. com. cn）

前 言
PREFACE

　　跨境资本流动管理一直是政府和学术界所关注的热点问题。2014 年起，我国的资本和金融账户一改长年顺差的情况，首度转为逆差，且额度不断飙升。历史上大规模资本流出曾一度给新兴经济体金融系统造成巨大的灾难性冲击，尤其是在大批量资本流入后的资本流向逆转，常常是催生危机的重要因素。正因如此，此轮国际资本流出引起了各方密切关注和担忧。2016 年底，中央经济工作会议指出："要把防控金融风险放到更加重要的位置，提高和改进监管能力，确保不发生系统性金融风险"。

　　目前，我国仍是一个以银行业间接融资为主导的金融市场，银行是金融系统的核心，在现代金融体系中发挥着举足轻重的作用，因此我国金融风险的上升，主要体现为银行业风险的增加，包括商业银行各种资产和负债，以及本金损失的可能性、在市场风险、操作风险、信用风险等方面。商业银行的运营主要是负债经营的模式，其本身就是在较高的财务杠杆率下运营，因此银行不可避免地要承担一定风险。然而，如果银行承担的风险过大，不仅会危及银行自身的安全，而且还有可能引发银行危机。银行作为最重要的金融中介机构，在经济中衔接着资金的盈余方和稀缺方，与实体经济部门、其他金融部门、市场都有着密切的联系。银行的多边借贷和债务通过其庞杂的系统和网络，将多重的债权债务关系交织在一起，一旦一家银行金融风险加大，很可能通过这一复杂共生的网络将风险传递给有着密切金融联系的其他实体、金融部门和机构。所以，银行体系风险防范将是未来我国金融风险防范的重中之重。

　　本书是笔者主持的同名国家社科基金青年项目的结项成果。跨境资本流动与银行体系风险防控的关系是一个涉及内容较广的课题。与90年代的资本外逃相比，此番跨境资本流出的原因既有短期的汇率贬值预期，也有受经济基本面影响的中长期结构性因素，呈现出"藏汇于民""经济主体资产外币化、对外债务去杠杆化"的新特征，这使当前资本流出会对银行体系产生不同以往的新影响。随着我国进入经常项目顺差、资本与金融账户逆差、国际储备下降的国际收支"新常态"，资本流出对银行体系的风险及其累积将是当前及未来很长时期内我国金融市场的主要风险。本书以跨境资本流出对我国银行体系产生的风险为研究对象，重点从信用风险、市场风险、流动性风险和系统性风险几个方面分析各类资本流出对不同类型商业银行风险造成的冲击，在吸收和借鉴跨境资本流出国际监管经验的基础上，提出我国银行业应对资本流出风险的防范对策。这些研究有助于识别资本流出背景下银行体系的风险来源，精准制定针对性的监管和防控预案；为完善不同类型商业银行的风险管理模式应对资本流出，提供新的思路和方法；对我国金融体系安全和宏观经济改革的顺利推进具有重要的现实意义。

王茜于上海

2022 年 10 月

目 录
CONTENTS

第一章

引 言

第一节 研 究 背 景

20世纪80年代以来，资本在国际大规模地频繁流动已成为世界经济的一个显著特征，不仅发达国家之间，而且发达国家和发展中国家之间的资本流动规模也日渐增大。特别是20世纪90年代开始，美国等发达国家在全世界范围内倡导金融自由化政策，广大发展中国家也逐渐加大了金融市场开放的力度。资本的跨国流动对国际经济产生了重要影响，对经济增长、技术进步、弥补储蓄投资缺口等都发挥了重要作用①。因此，很长一段时间里，经济学家们一直认为资本在各个国家间自由地无限制流入与流出是有益的，不仅对债务国有益，同时也有利于世界经济。资本流动的两个优点是显而易见的：第一，资本流动促进了投资和消费在世界范围内的有效配置，消费者可以平滑他们的消费，而企业则可以更好地管理它们的风险。商业周期受到抑

① 徐琤. 资本流动性冲击、金融危机与中国宏观经济波动 [M]. 上海：上海社会科学院出版社，2010：114.

制，完善的流动性促进了投资和经济增长。第二，资本流动允许储蓄从低回报国家流向高回报国家，这种资本转移提高了世界范围的经济增长率，并进一步为低收入国家劳动力提供了改善生活的机会。

然而，过去几十年中所发生的金融危机彻底打破了这一观念：在墨西哥，1981～1983 年和 1993～1995 年分别出现了约占 GDP12% 和 6% 的资本流逆转；而在阿根廷，1982～1983 年的资本流逆转则为 GDP 的 20%；智利 1981～1983 年的资本流逆转为 GDP 的 7%；在印度尼西亚、韩国、马来西亚、菲律宾和泰国，1996 年资本流入和 1997 年的资本流出之间的总逆差达到了 850 亿美元，约占这些国家 GDP 总和的 10%①。研究者发现，历次金融危机的爆发都伴随着跨境资本极端流动情形的出现，20 世纪 90 年代至 21 世纪初墨西哥、泰国、阿根廷、巴西金融危机前后，都曾出现跨境资本激增和急停的情况。学者们的研究发现，国际资本并不会一直呈现流入的状态，而这些资本也并不是以援助当地经济的发展为目的。相反，这些资本的流入更多是为了安全地赚取投资利润，一旦引资方的国家经济出现了任何风险的苗头或者征兆，出于避险考虑，这些资本便会加速撤离。这些国际资本大规模的流进流出，很容易给一国经济带来负面的影响，在资本流入时可能会引发通货膨胀，催生资产泡沫，甚至滋生泡沫经济；而当这些资本大量撤走时，则会造成泡沫的破灭，引发经济崩溃。尤其是一些极端规模的资本流动，常常与经济和金融危机相伴而生；让·梯若尔等（2003）指出，资本流入之后，如果在较短时间内发生大规模逆转，将会对一国经济造成巨大和实质性的冲击。2014 年起，我国的资本和金融账户一改长年顺差的情况，在十三年后首度转为逆差，且额度不断飙升。历史上大规模资本流出曾一度给新兴经济体金融系统造成过巨大的灾难性冲击，尤其是在大批量资本流入后的资本流向逆转，常常是催生危机的重要因素。正因为如此，此轮国际资

---

① ［法］让·梯若尔. 金融危机、流动性与国际货币体制［M］. 北京：人民大学出版社，2003.

本流出引起了各方密切关注和担忧。2016 年底，中央经济工作会议指出：
"要把防控金融风险放到更加重要的位置，提高和改进监管能力，确保不发
生系统性金融风险"。

我国目前仍是一个以银行业间接融资为主导的金融市场，银行是金融系
统的核心，在现代金融体系中发挥着举足轻重的作用，因此我国金融风险的
上升，主要体现为银行业风险的增加，包括商业银行各种资产和负债，以及
本金损失的可能性，表现在市场风险，操作风险和信用风险等方面。商业银
行的运营主要是负债经营的模式，其本身就是在较高的财务杠杆率下运营，
因此银行不可避免地要承担一定风险。然而，如果银行承担的风险过大，不
仅会危及银行自身的安全，而且还有可能引发银行体系危机。银行作为最重
要的金融中介机构，在经济中衔接着资金的盈余方和稀缺方，与实体经济部
门、其他金融部门、市场都有着密切的联系。银行的多边借贷和债务通过其
庞杂的系统和网络，将多重的债权债务关系交织在一起，一旦一家银行金融
风险加大，将可能通过这一复杂共生的网络将风险传递给有着密切金融联系
的其他实体、金融部门和机构①。所以，银行体系风险防范将是未来我国金
融风险防范的重中之重。

按照风险发展的过程来看，一个完整的风险管理流程包括对风险的识
别、对风险的监测、对风险的度量、对风险的控制和对风险的转移。

本研究将按照上述思路首先从理论层面对国际资本流出过程中给商业银
行带来的各种潜在风险进行系统的归类和全面的分析，以掌握资本流出冲击
下风险传导与生成的机理与特征，便于确定哪些风险应予以考虑，及其所可
能产生后果的严重性；在此基础上，对涉及的银行风险度量指标进行密切关
注，并根据相应的风险量化模型对这些风险进行检测，追踪风险的进一步发
展方向及影响程度；而后，构建包含跨境资本流出在内的压力测试系统和向

① 许传华. 开放条件下金融风险预警指标体系研究 ［M］. 武汉：湖北人民出版社，2012：12.

量自回归（VAR）模型，利用计量工具，实证检验资本流出对银行信用风险和市场风险造成的冲击效果；最后，根据量化了的风险状况提出相应的控制措施，防止风险影响的进一步扩大，可能的情况下，运用一定的技术手段和各种金融避险工具来进行风险转移。

第二节　研究意义

一、理论意义

与20世纪90年代的资本外逃相比，此番跨境资本流出的原因既有短期的汇率贬值预期，也有受经济基本面影响的中长期结构性因素，呈现出"藏汇于民""经济主体资产外币化、对外债务去杠杆化"的新特征，这使得当前资本流出会对银行体系产生不同于以往的新影响。本研究在对当前资本流出现状和特征进行梳理的基础上，对此番资本流出背后的原因进行深度剖析，而后从信用风险、市场风险等多个层面考察直接投资、证券投资等不同类型资本流出冲击银行体系风险的作用机制，这对跨境资本流出和银行风险管理的研究提供了新视角，对银行风险评估理论和跨境资本流动的研究具有进一步推动意义。

二、实践意义

随着人民币加入特别提款权货币库，其在通往国际化的过程中已经步入了新的发展阶段，这将提高中国资本账户开放的速度，进一步增加中国跨境资本流动的多变性和复杂性。近年来，我国的国际收支账户中经常项目常年顺差，但资本与金融账户开始出现了逆差的新情况，与此同时，国际储备的存量在不断降低，资本流出对银行体系的风险及其累积将是当前及未来很长时期内我国金融市场的主要风险。因此，对于银行体系风险的有效管理和防控将显得尤其重要。

发达国家的市场历来十分重视商业银行的风险管理问题，它们坚持风险与收益匹配的原则，把控制风险和创造利润看作同等重要的事情，"2R（risk and return）is the same coin"，即风险和利润（回报）是同一枚硬币的正反两面，彼此不能分离。而在我国，商业银行在风险管理的理念上存在偏差，长期以来以消极应对风险为主，商业银行的风险管理侧重于风险的事中控制和事后补救，注重存量风险的化解，而对风险的早期甄别、预防和事先管理常常有所缺失。事实上，风险的爆发要经历一个蕴藏、生成、演化、临近、显现和作用的阶段，且风险对某个特定目标从产生作用到真正形成破坏和失控状态，也需要一个过程。因此，在风险发展的不同阶段配合相应的风险管理手段，可以将风险在不同程度上得以转化、分解、控制和有效管理，能够将风险在爆发失控前得到制止或使其脱离目标，可以在风险一旦突变成灾难时迅速形成有效的处理机制，将风险损失降到最低的程度。

鉴于历史上每次金融危机给各国经济造成的重大损失，各国一直将保持金融系统的稳定视为政府工作的重要目标。防控银行业风险是保证金融系统稳定至关重要的一环。本研究有助于识别资本流出背景下银行体系的风险来源，精准制定针对性的监管和防控预案；为完善不同类型商业银行的风险管理模式应对资本流出，提供新的思路和方法，有助于完善我国商业银行当前的风险治理工作，同时对于保障我国金融体系安全和宏观经济改革的顺利推进具有重要的现实意义。

第三节 研究思路、方法和结构安排

一、研究思路

国际资本流动及其对银行业风险的冲击一直是各国学者关注的热点，国内外学者利用不同的方法对这一问题进行了大量的研究。本研究在阅读借鉴前人相关理论和方法论文章，以及查阅统计资料和历史文献等方面进行大量的工作，在深度剖析资本流出影响银行各类风险作用机理的基础上，通过构建风险评估框架，对资本流出冲击银行体系的风险进行测算，在实证研究的基础上，提出我国银行业应对资本流出风险的防范对策（见图1-1）。

在全球争夺资本这一稀缺要素的时代背景下，本研究首先从理论上分析不同类型资本流出对银行体系的影响，以期对资本流出冲击银行风险的作用机理有一个系统性认识，主要包括：（1）债权形式短期资本流出后的信用收缩引发银行无法履行到期债务的流动性风险；（2）证券投资流出后资产价格下跌和实体投资收益下降引发借款人大面积违约的信用风险；（3）资本流出后利率和汇率波动，冲击银行表内和表外业务，引发银行损失的市场风险；（4）风险累积后扩散到整个银行系统，加剧投资者的恐慌情绪，引发的系统性风险。

在理论分析的基础上，本研究构建包含跨境资本流出在内的压力测试系统，分析极端市场情形下，资本流出对银行信用风险造成的冲击效果。我们首先采用GMM方法对系统参数进行拟合，而后进行情景分析，考察不同流出规模的冲击下，各种类型跨境资本流出对银行信用风险的冲击效果。

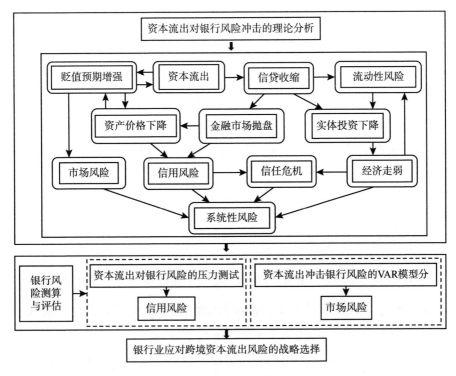

图 1-1 研究思路

接下来，我们从利率风险、汇率风险、股市风险和商品价格风险四个维度来监测银行业的市场风险，同时构建向量自回归模型，利用脉冲响应函数的方法来分析在不同类型的资本流出冲击下，银行业市场风险的响应情况。

在理论分析和实证检验的基础上，本研究从信用风险、市场风险、流动性风险和系统性风险四个维度探讨细化银行业应对资本流出冲击的监管预案，包括：（1）构筑稳固的银行体系，推进银行业避险工具的设计与创造，提升抵御风险的能力，加强对资本流出冲击风险的防范与预警，对各级银行机构的风险管理工作动态考评，做好对银行各类风险的识别、计量、监控和应对；（2）建立统一全口径的我国各类跨境资本流动实时统计监测系统，针对不同类型资本流出对银行风险影响的不同，构建包括直接投资、证券投资和其他投资等子系统的多线控制模式；（3）综合运用价格手段（汇率、税收）和数量手段（外汇储备、资本管制）、市场手段（汇率、外汇储备）和非市场手段（资本管制）调控资本流出，根据经济所处的不同情况（汇率是否低估、经济是否停滞、储备是否充足），采取不同的宏观经济政策操作措施（汇率贬值、提高利率、冲销式外汇干预或资本流出管制）加以应对。

二、研究方法

本研究所涉及的是一项宏观金融学领域的研究课题，所依托的主要是国际经济学、宏观经济学以及国际金融学的理论成果。在宏观金融学研究中，理论分析和数理模型分析是两个重要的方法论方向。

本研究的理论分析部分在梳理前人研究成果的同时，从理论上分析不同类型资本流出对银行体系的影响，以期对资本流出冲击银行风险的作用机制有一个系统性认识。

在理论分析的基础之上，结合我国的实际数据，采用多种数理模型对所得出的理论假说进行实证检验，证明或证伪一些理论及模型假设，目的在于使本书的结论更加贴近现实。首先，我们采用压力测试分析法。这是评估极端事件对金融体系潜在冲击的有效风险管理工具，通过设定各种压力情景，可以分析不利的冲击因子变动所造成的潜在损失。本研究构建包含跨境资本流出在内的压力测试系统，分析不同流出规模下，不同类型资本流出冲击对银行信用风险造成的影响；其次，我们构建向量自回归模型，采用脉冲反应分析的方法，评估资本流出冲击下，给银行业市场风险带来的影响。

本书用以上几种方法分析了跨境资本流出对我国银行体系风险的影响，

得到了一些具有一定参考价值的结果。

三、结构安排

按照以上的研究思路，本研究共分为九章，其基本内容如下：

第一章引言。介绍了本书要分析的问题，研究背景和研究意义，并给出了分析思路、研究方法和结构安排。

第二章文献综述。依据本书要分析的几个主题，本章对国内外现有的相关研究进行了系统的梳理。第一部分是跨境资本流动的理论，重点梳理了有关跨境资本流动原因的分析，以及跨境资本流动的测算方法；第二部分结合本研究银行体系稳定性的主题，梳理了有关资本流动与银行体系风险之间关系的文献，其中资本流动包括资本流入和资本流出两个方面，对银行体系稳定性的影响又细分为对信用风险、市场风险、系统性风险的不同影响；第三部分的文献是关于资本流动冲击银行体系稳定性的作用渠道；第四部分是有关银行业风险测度的文献，包括对银行体系稳定性的测度，对银行业系统性风险的测度，以及压力测试分析方法。最后本书对现有的研究进行了评述，并引出了本书的研究主题和重点。

第三章跨境资本流出的现状及其类型分析，主要分析了我国当前跨境资本流出的情况。第一节对我国当前跨境资本流出的现状和规模进行了测度，采用国际收支季度数据，以及银行结售汇和跨境收付月度数据两个维度的数据指标进行度量，以期从更全面的角度对我国当前跨境资本流出的情况进行度量。第二节对我国跨境资本流出的具体类型进行了分析，分别为不同身份掩盖下的国际游资和企业层面以投资形式流出的国内资本、个人层面流出的国内资本，以及在华外商资本的撤回。

第四章跨境资本流出的新特点及原因分析。本章第一节对我国近期跨境资本流出的新特点进行了介绍，包括国际收支"一顺一逆"的新格局、国际资本流动的结构调整、跨境资本流动情况与新兴市场国家呈现出的相似性，以及短期跨境资本流动的波动性和流出风险等问题。第二节重点分析了影响我国跨境资本流出的因素，包括我国对外投资的不断发展，人民币贬值预期下的汇率波动加剧、国内经济发展和美联储加息引发的资本流出，以及"隐性外债"和"资本外逃"的风险。

第五章国际资本流出冲击银行体系风险的理论分析，重点从信用风险、市场风险、流动性风险和系统性风险四个维度进行探讨。第一节信用风险模块主要关注了国际资本以银行贷款和证券投资两种形式流出时对银行业信用风险的影响；第二节市场风险模块从利率风险和汇率风险两个角度进行了分析；第三节流动性风险模块重点关注了期限错配情况下，国际资本流出对于银行业流动性风险的影响；第四节系统性风险模块通过模型分析了系统性风险的产生、传播和扩散过程。

第六章基于压力测试法的银行体系信用风险评估。我们将资本流出纳入银行信用风险的压力测试系统，采用 GMM 方法估计得出相关系数，而后在此基础上，采用修正的点估计方法，对资本流出变量进行压力测试分析。我们分别对总体类型资本、证券投资资本和其他类型资本三种类型的资本流动变量，设定了轻度、中度和重度三种级别的流出压力测试情景，分析不同级别的冲击下，资本流出对银行业信用风险的影响。研究发现：三种类型的资本流出均会导致银行业信用风险的上升，其中证券类型资本流出造成的冲击最为明显，尽管流出的规模不大，但对银行业信用风险造成的损失却十分严重；总体的资本流出冲击亦会造成银行业信用风险的上升，冲击效果也十分明显；相比之下，其他类型资本的流出，对银行业信用风险造成的冲击并不显著，尽管资本流出的规模比较大，但带来的违约概率增长并不明显。

第七章资本流出冲击下的银行体系市场风险评估。我们从利率风险、汇率风险、股市风险和商品价格风险四个维度来度量银行业的市场风险，同时构建向量自回归模型，利用脉冲响应函数的方法来分析在不同类型的资本流出冲击下，银行业市场风险的响应情况。研究发现：（1）无论是哪种类型的资本流动，均会对银行业的商品风险造成负向冲击，即资本流入会导致商品价格风险下降，而资本流出会导致商品价格风险增加。（2）短期内资本流入会导致利率水平升高，而资本流出会导致利率水平下降。但从长期来看，资本流入会压低国内的利率水平，而资本流出则会提升国内的利率水平。（3）总体资本流动和直接投资类资本流动，都会对股票风险造成正向冲击。即资本流入导致股票价格上升，而资本流出则导致股票价格下降；而证券投资类的资本流出，则会对股票价格产生先抑后扬的作用；相反，其他类型的资本流出，则会对股票价格产生先扬后抑的作用。（4）各种类型的资本流动，都会对汇率风险造成正向冲击，即资本流入引发汇率升值，而资本流出将引发汇率贬值。

第八章跨境资本流出的国际监管经验借鉴。在前文分析的基础上，我们结合史上四次美元走强后，资本流出对新兴市场经济体造成的冲击。（1）1980～1985 年的拉美债务危机；（2）1997～2001 年的亚洲、俄罗斯、巴西和阿根廷金融危机；（3）2009 年新兴欧洲危机；（4）2014 年新兴市场货币贬值，重点分析这些国家或地区银行业在危机前的风险特征，总结其在债务结构、宏观调控和风险防范等方面存在的问题，充分吸取新兴市场国家应对资本流出的监管经验和教训；同时，我们对发达经济体应对资本流出的调控经验进行梳理，以期探索适合我国实际的跨境资本流出监控和银行业风险管理政策。

第九章完善商业银行风险防控。在理论分析和实证检验的基础上，本章从信用风险、市场风险、流动性风险和系统性风险四个维度探讨细化银行业应对资本流出冲击的监管预案，包括：（1）构筑稳固的银行体系，推进银行业避险工具的设计与创造，提升抵御风险的能力，加强对资本流出冲击风险的防范与预警，对各级银行机构的风险管理工作动态考评，做好对银行各类风险的识别、计量、监控和应对；（2）建立统一全口径的我国各类跨境资本流动实时统计监测系统，针对不同类型资本流出对银行风险影响的不同，构建包括直接投资、证券投资和其他投资等子系统的多线控制模式；（3）综合运用价格手段（汇率、税收）和数量手段（外汇储备、资本管制）、市场手段（汇率、外汇储备）和非市场手段（资本管制）调控资本流出，根据经济所处的不同情况（汇率是否低估、经济是否停滞、储备是否充足），采取不同的宏观经济政策操作措施（汇率贬值、提高利率、冲销式外汇干预或资本流出管制）加以应对。

第二章

文 献 综 述

随着金融自由化进程的不断推进，各国金融市场规制逐渐放松，资本在国家间更加自由地流动，规模不断扩大。2007 年金融危机席卷全球，随着我国率先从危机中恢复，大量的国际资本以各种形式流入我国。外资的流入一方面缓解了我国经济建设过程中资金的不足，有助于促进经济的高速增长，但同时也为宏观经济的不稳定埋下了隐患。这些国际资本中不乏以投机为目的的国际"热钱"，这些资本的大规模流动对我国的资本市场、银行体系以及宏观经济稳定都构成了潜在的隐患。2014 年起，我国资本和金融账户在历经十三年顺差后，首度转为逆差，且额度不断飙升。结合历史上大规模资本流出给新兴经济体金融系统造成的灾难性冲击，此番国际资本流出引起了各方密切关注。

我国目前仍是一个以银行业间接融资为主导的金融市场，银行是金融系统的核心，也是现代金融体系的中坚力量，因此我国金融风险的上升，主要体现为银行业风险的上升，在资本流出的背景下，银行体系风险防范将是未来我国金融风险防范的重中之重。有关跨境资本流动和商业银行的风险，学者们进行了广泛的研究，结合我们的研究重点，我们将首先对跨境资本流动的理论进行简要梳理，而后重点对资本流动与银行体系稳定性、资本流出对银行体系的冲击及作用渠道，以及银行业风险测度等几方面研究现状进行详细分析，以期为本研究提供一些思路和参考。

第一节 资本流入或流动（流入＋流出）与银行体系稳定性

一、资本流动与银行业信用风险

关于资本流动与银行业信用风险，学者们的研究普遍认为频繁及大规模的跨境资本流动会加剧银行业的信用风险。拉德莱特和萨克斯（Radelet & Sachs，1998）以1994～1997年的22个新兴市场国家数据为样本设立了一个模型，研究结果显示较高的短期外债倾向于危机的发生，银行信用的膨胀将导致较脆弱的银行体系；莱恩（Lane，2013）认为金融开放提高了信贷市场的膨胀速度，监管失效和政策成本增加会进一步扩大金融危机的范围。

国内方面，马理、何云（2020）指出，跨境资本大规模流动的背景下，商业银行的资产证券化、债券远期市场以及可变利率债券等衍生品交易，会加大银行与国内外其他金融机构的联系，一旦其中某个环节出现问题，交易者的违约可能产生多米诺骨牌效应，造成银行的巨额损失。

二、资本流动与银行业市场风险

经济学的理论表明，大规模资本流入会增加对本币的需求，给本国货币造成币值上涨的压力，政府当局为稳定货币，通常会对外汇市场进行对冲干预，增大了基础货币的投放量，往往会导致资本流入国的流动性过剩，进而引发宏观经济过热，这种过热具体表现为：真实汇率升值、经常账户逆差、外汇储备增加、货币扩张、通货膨胀压力增大。国际上很多学者（Leiderman et al.，1993；Eduardo & Montiel，1996；Reinhart & Khan，1995；Kletzer & Spiegel，1998）的实证研究都支持了上述理论，但这些影响在不同国家、不同汇率制度下的表现也不尽相同。

此外，由于当前银行业混业经营的趋势，跨境资本流动在增加银行业自身的风险同时，同时将风险传递给其他金融机构，引发汇率市场、股票市场等市场的波动。银行业的风险增大时，其他金融机构的风险也会随之增大。对外开放可能使得国际金融风险传递到国内，导致国内宏观金融风险增大。1995 年的巴林危机中，由于日本银行业持有大量的巴林证券资产，从而导致多家日本银行停业，日本股市也出现剧烈波动。

1. 资本流动与汇率风险

关于国际资本流动与汇率之间的关系，学者的研究支持资本流入会导致汇率升值，且二者具有明显的交互影响。如朱孟楠、刘林（2010）发现，短期国际资本流入会导致人民币汇率升值以及市场对人民币升值的预期，而且资本流出对人民币汇率的影响也较为显著。

相比于资本流入引发的汇率升值，部分学者更加关注国际资本的跨境流动对于汇率波动带来的影响。司登奎等（2018）以国际资本流动为媒介，在包含投资者情绪的开放框架下对汇率的变动成因进行实证分析，结果发现投资者情绪不仅会对汇率产生直接影响，还会通过影响国际资本流动而对汇率产生"叠加"的间接影响。

2. 资本流动与利率风险

商业银行作为调剂资金余缺的中介，受到利率波动的不确定性带来的影响尤其巨大。但关于商业银行利率风险，学者们的研究更多关注的是利率市场化改革下，给银行业带来的利率风险冲击（戴国强等，2005；许院院、刁节文，2015）。

关于资本流动与商业银行利率风险的影响，研究多是从利率平价的角度入手，认为汇率是利率与国际资本流动互动影响的重要传导渠道，它通过国际资本流动的"利率平价"效应调节市场货币供应，进而影响利率走向。但也有研究表明，由于交易成本和黏性价格的存在，使利差和汇率均值回归以及相互影响存在非线性关系，真实利率存在非线性动态调整过程。也有学者更加关注利差与国际资本流动之间的互动关系，研究认为跨境资本流动对国际利率变动的反应较为敏感，两者呈负相关关系（Calvo & Reinhart，1996；Reinhart & Khan，1995）。王世华、何帆（2007）认为利差和人民币预期升值均是我国短期资本流动的格兰杰影响因素。

3. 资本流动与股市风险

在经济高速增长国家中，企业家容易发现经济效益好的投资项目，外部资金流入后与当地的资源相结合后，会产生良好的经济效益。但如果流入的外资超过这些国家生产领域最大的吸收能力，会使这些资本不能在合理风险下得到有效利用。富余资金极易流入股市和房地产市场，在短期内谋取超额利润。这将会加剧国内经济的脆弱性，当风险不断累积时，将会放大资本流入突然中断的概率。一旦这些资金流出，会迅速引发股市泡沫破裂。

卡尔沃等（Calvo et al.，1996）论述了90年代的资本流入对发展中国家宏观经济的影响。在他们研究的几乎所有国家中，名义货币供给和实际货币供给都存在着快速增长。证券组合流入亚洲和拉美国家，伴随着股票和房地产价格剧烈上涨；艾伦和盖尔（Allen & Gale，1998）指出，有两种因素对决定资产价格泡沫的大小尤为重要：一种是用作投机性投资的信用量，另一种是市场的不确定性。任何一个因素的增大，都会导致泡沫更加扩张。就第一个因素而言，麦金农、皮尔（Mckinnon & Pill，1996）和克鲁格曼（Krugman，1998）认为，由于政府对银行体系的担保及IMF的救助产生的道德风险，使银行进行大量的投机性投资，因而抬高了资产价格并产生泡沫。而艾伦和盖尔（1998）的解释有所不同，他们认为过度风险投资但负有限责任的代理问题是导致资产价格泡沫的关键。假定投资以债务融资，而贷款人却不知资金是如何使用的，这一假定意味着斯蒂格利茨和韦斯（Stiglitz & Weiss，1981）的"风险转移问题"，即借款人购买金融资产，其将价格下跌的风险转移给贷款人，却保留了价格上升获取回报的权利。这样，资产的风险越大便越具吸引力，当市场上大部分投资者都有这样的动机时，资产的均衡价格将高于其基础价值，其间的差额便形成了泡沫。

也有一些学者的研究更加关注短期国际资本流动对股票价格的影响，卡尔沃（1998）的研究指出，资本流入热潮之后往往跟随着流入的突然中止。而资本的突然外逃，往往会导致货币贬值和国内资产价格的下跌；刘莉亚（2008）从个人渠道、企业渠道和非法渠道三个方面测算了境外投机资金，引入成本因素，建立理论模型并进行了计量分析。结果表明：资本流入对股票价格的影响并不明显；杨俊龙、孙韦（2010）通过实证研究则认为，短期国际资本的流动增大了中国证券市场的波动性；赵进文、张敬思（2013）指出，从国际经验看，短期国际资本流动对股票价格会产生双重影响；一方面，本国股票价格会随着短期国际资本流入而上涨；另一方面，本币升值诱发短期国际资本套利套汇，会加剧股票价格波动，最终导致股票价格下跌。如果政策失误，甚至会引发危机。刚健华等（2018）的研究表明，2015 年"8.11"汇改前短期资本流入能降低股市市场收益率且推高系统性风险，而在汇改之后，短期资本流入推高股票价格且降低系统性金融风险。

此外，也有少部分学者认为跨境资本流动与股票风险之间的关系并不确定，甚至可能会降低证券市场的波动性。如任光宇（2015）发现引入国际资本可以降低中国证券市场波动性。

4. 资本流动与商品价格风险

跨境资本流动与商品价格波动之间的关系，国际学者的研究对此结论不一。阿根廷、乌拉圭和智利三国在 20 世纪 70 年代早期和中期相继进行了资本账户自由化改革，取消了大部分资本项目的管制。马西森等（Mathieson et al.，1995）估计，由于大规模资本流入，1977 年末期智利和乌拉圭的通胀率已高达 50%，阿根廷则更是超过了 200%；梅西亚（Mejia，1999）利用 18 个发展中国家在 20 世纪 90 年代上半期资本流入高峰时期的宏观经济数据所进行的研究表明，在这 18 个国家中，有 14 个国家的投资率（国内投资增加额占 GDP 的比重）出现了上升，其中，亚洲的泰国和拉美的智利情况最为明显，分别高达 13.4% 和 10.2%；有 11 个国家的消费率均有不同程度上升。除智利和斯里兰卡外，这一时期绝大多数国家都出现了经常账户的恶化，其中哥伦比亚、委内瑞拉和匈牙利的经常账户逆差最为严重。格鲁本和麦克劳德（Gruben & Mcleod，2002）认为，长久看来，持续性的资本账户自由化能够降低通货膨胀水平。

国内很多学者的研究发现，在我国当前的汇率安排下，国际资本流入会导致商品价格上升，进而引发通货膨胀和经济过热。汪小亚（2001）的研究表明，由于我国实行的准固定汇率制和强制结汇制，国际资本的大量流入必然会加大通货膨胀的压力，并导致本币升值。人民币升值又会降低出口产品的国际竞争力，加剧贸易收支的恶化，而资本的流出则具有反通胀的作用；杨海珍、陈金贤（2000）的研究也支持了资本外流具有反通胀作用的结论；王世华、何帆（2007）的研究表明，大量短期资本的流入导致我国外汇储备急剧增长，如果中央银行不对新增加的外汇储备进行冲销操作，那么货币供给的增加可能导致信贷扩张和通货膨胀。

三、资本流动与银行业系统性风险

国外学者在 20 世纪初期就已经开始研究资本流动与银行稳定性的关系，大部分学者认为金融开放后的资本流入会增加银行体系的脆弱性和风险，例如费希尔（Fisher，1933）提出了"债务—通货紧缩论"，该理论认为银行体系的脆弱性是由过度负债引起债务—通货紧缩过程导致的。对于银行系统性风险的分析，很多学者是将其与银行体系甚至金融体系的稳定性联系起来。然而，总体看来，对资本流动与银行危机之间的关系，国内外研究尚无一致意见。

1. 跨境资本流动加剧银行系统性风险

很多学者的研究主要关注跨境资本流入与银行业危机的关系。戴任翔（1999）通过分析智利和泰国经济危机的案例得出一国资本账户的放开将导致大规模国际资本的流入从而使银行体系的资产负债结构不均衡，导致银行信贷扩张，对汇率、利率的变动更为敏感，外部因素的变化容易引起银行危机；张礼卿等（2005）发现金融开放后大规模外国资本流入，将导致银行信贷过度扩张和不良债权问题滋生，银行部门的系统性风险增加；再次，大量资本流入会引起本币升值，以及国内银行和企业的负债与资产的货币匹配不当。如果本币汇率贬值，国内银行和企业就面临汇率波动的风险。陈志刚（2007）指出在国内市场条件不完善、监管不足的情形下开放金融项目，大量资本流入会超过国内银行系统的吸收能力，进而导致不当的信贷决策。商业银行过度放贷，加大了借款企业的违约风险，恶化了商业银行的资产质量，引发了整个金融体系的脆弱性。

还有些学者的研究并未区分资本流动的具体方向，而是提出跨境资本的频繁流动会冲击到银行体系的稳定性，引发银行业系统性风险（Hamdi & Jlassi，2014）。卡明斯基和莱因哈特（Kaminsky & Reinhart，1999）实证研究发现，大部分银行危机发生在该国金融部门开放的初始阶段；卡明斯基和莱因哈特（1999）认为时机未成熟和条件不具备时，如果实现金融自由化会增加整个金融部门的风险，加剧银行体系的脆弱性，严重时可能会导致银行危机甚至金融危机的发生。国内研究方面，方显仓、孙琦（2014）认为资本账户开放水平越高，越容易加剧国内银行体系风险；同时，银行体系风险的加剧反过来又会延缓资本账户开放进程；党超（2017）认为，国际资本流动有直接、间接、继发传导渠道，对银行经营产生影响，其中作用机制直接渠道大于间接和继发渠道；方意（2016）认为金融开放会放大银行系统风险、外汇市场风险和资产泡沫风险，这三类风险反过来又会延缓金融账户的开放进程。

2. 跨境资本流动与银行稳定性之间并无关联

但也有学者认为金融一体化与金融稳定之间没有固定的联系。如许长新、张桂霞（2007）认为我国的国际资本流动结构未对银行体系稳定性产生明显的影响，加强银行体系的稳定性还需要从加强宏观经济和完善银行体系自身着手。叶伟春（2009）指出国际资本流动的许多理论是建立在有效市场假说（EMH）的基础上，但在现实世界中存在大量的非有效现象，国际资本的流动会对一国的金融体系造成冲击，尤其是私人短期资本的流动具有很大的易变性，这会对一国的货币稳定造成极大的冲击。乔伊斯（Joyce，2010）也认为资本流动与银行稳定之间并无必然联系。

第二节　资本流出对银行体系的冲击及作用渠道

金德尔伯格（Kindleberger，1937）最早关注跨境资本流出的现象，他将因恐惧或怀疑而引起的短期资本非正常流出定义为资本外逃。事实上，与资本流入相比，资本流动的突然中断（指跨境资本由流入变为流出）对经济系统的破坏作用更为严重。20世纪80年代，拉美债务危机引起了人们对资本外逃对利率和金融市场破坏性的关注。研究发现，资本流出对经济系统产生的冲击往往是通过银行体系发挥作用，张礼卿（2004）指出在银行主导型金融体系下，流入的资本大部分会以直接或间接的方式进入银行体系，当这些资本撤离时，将会通过银行体系冲击一国的金融稳定。

乔伊斯和纳巴尔（Joyce & Nabar，2009）发现资本流动突然中断的任何影响都是通过银行危机的渠道产生的，这些渠道包括利率上升、增加银行不良贷款（Calvo & Reinhart，2000）、资产抛售及导致的信贷萎缩和信贷错配等。

研究表明，银行系统是传播资本流出风险的重要渠道和载体，尤其对于银行体系为核心的金融市场，银行风险更是整个金融系统的焦点。在跨境资本流动逆转的当下，对银行风险的评估与研究是当务之急。现有研究中，从流出角度专门分析资本对银行风险冲击的文献并不多，皮天雷、杨萍（2015）指出资本流入急停会降低商业银行信贷规模；还有研究从逻辑层面指出资本流出会造成银行体系流动性紧张，由此引发金融领域的系统性风险（董小君，2012；钟震等，2015；丁剑平，2016），但并未进行实证考量。

第三节　银行业风险的测度

一、银行体系稳定性的测度

（一）系列指标法

1. 事件研究法

在测量银行体系稳定性时，早期研究一般选择用银行危机这一事件是否发生作为对银行体系稳定性的标识（事件研究法），然后根据银行危机的一般特征确定系列标准，即当银行体系达到这些标准时，说明银行危机发生，银行体系不稳定。如有学者从银行业不良资产情况、挽救银行成本、国有银行对银行业的接管程度、大规模挤兑及政府对银行业采取的紧急保护措施如缩短银行上班时间、对存款提取采取限制措施等方面构建了系列指标，并指出这些指标只要符合其中一个条件，就说明银行体系出现危机（Demirguc - Kunt & Detragiache，1998）。

卡明斯基和莱因哈特（1999）分析了1997年下半年的亚洲金融危机，通过抓取在前期发生过金融危机的国家在贸易和金融领域表现出来的特征，构建了一系列"危机脆弱性指标"来界定银行危机，并且用根据一系列指标预测的结果与亚洲金融危机的结果进行了对比。

2. 指标构建法

部分学者尝试运用单一指标法来测度银行体系稳定性，这一方法主要选取的是银行业某单一核心指标如不良贷款率、贷款损失准备金或资产充足率等，如BSS指标体系法，然而这种方法并没有得到学术界的广泛认可，学者大多认为银行体系稳定性的测度极为复杂，不能简单地用一两个指标来界定，平均或加权平均往往会掩盖问题的本质。因此后期许多学者采用了多元指标法来测度银行体系的稳定性，如许长新、张桂霞（2007）采用银行体系稳定指数和信号法相结合的方法，对银行总存款、银行体系对私人部门的贷款和金融系统净国外资产这三个指标，进行测度，以此来评估银行体系的稳定性。

（二）模型构建法

一些国际金融机构或金融监管当局建立了一些指标体系，比如美国的Camels模型、IMF的FSAP模型。Camels模型主要从资本充足率、资产质量、盈利能力等方面对单个银行进行系统评估。FSAP模型为了更全面分析金融体系稳定性的影响因素，采用了微观和宏观指标共50多个，微观指标类似于Camels模型，不同之处在于将研究对象扩展到了所有银行；宏观指标主要包括GDP增长率、通货膨胀率、利率及汇率等。然而这一指标体系极为复杂，操作起来较困难，且各经济体的政治经济环境不同，经济指标的表现也各有特点，在具体衡量某一国银行体系稳定性时无法直接套用。

二、压力测试分析法

2008 年金融危机后，压力测试因其衡量金融危机等极端环境下风险的特性在现代银行风险管理中发挥着越来越重要的作用，成为在险价值（VaR）等传统模型的重要补充。由于历史的市场数据表明回报率并非严格符合正态分布的密度函数，而是具有一定的厚尾特征，即市场的极端情况发生的概率比正态假设下发生的频率要高，因此，压力测试作为一种分析尾部风险的工具得到了学术界和实业界越来越多的重视。

（一）压力测试分析法定义

国际证券监管机构组织（International Organization of Securities Commissions，IOSCO）于 1995 年最早提出压力测试的概念，指出压力测试是假设市场处于极端不利的情况时（如利率急升或股市重挫），分析对资产组合的影响效果，并于 1999 年进一步指出压力测试是将资产组合所面临之极端但可能发生的风险加以认定并量化。国际清算银行巴塞尔银行全球金融系统委员会（BIS committee on the global financial system，BCGFS，2001）定义压力测试为金融机构衡量潜在但可能发生异常损失的模型。国际货币基金组织（IMF）对压力测试的定义与 BCGFS 的定义类似，认为压力测试是用于评估金融体系承受罕见但仍然可能的宏观经济冲击或重大事件能力的一系列方法。但也有研究指出，压力测试应同时具有定量和定性特征，其中定量标准确定银行面对的可能压力情景，定性标准强调压力测试的两个主要目标是评估银行资本吸收潜在巨大损失的能力以及确定银行能够采取的降低风险和保存资本的措施。

（二） 压力测试分析法的应用

1. FSAP 模型及其扩展

IMF 和 WorldBank 于 1999 年发起的金融部门评估项目（FSAP），首次将宏观压力测试方法[①]作为衡量金融系统稳定性分析工具的重要组成部分。FSAP 通过三个层次评估金融体系是否稳健：一是宏观层次，衡量宏观审慎监督的效果。主要是通过编制和分析金融稳健指标判断金融体系的脆弱性和承受损失的能力，通过压力测试评估冲击对银行体系的影响。二是微观层次，判断金融基础设施是否完善。通过对照国际标准与准则，检验一国支付体系、会计准则、公司治理等是否完备。三是监管层次，评估金融部门监管是否有效。重点评估对银行、证券、保险、支付体系的监管是否符合国际标准。基金组织和世界银行在上述三个层次的基础上，形成对被评估经济体的金融稳定报告。

FSAP 模型为了更全面地分析金融体系稳定性的影响因素，采用了微观和宏观指标共五十多个，微观指标类似于美国曾提出的 Camels 模型，不同之处在于 FSAP 模型将研究对象扩展到了所有银行；宏观指标主要包括 GDP 增长率、通货膨胀率、利率及汇率等。然而这一指标体系极为复杂，操作起来较困难，且各经济体的政治经济环境不同，经济指标的表现也各有特点，在具体衡量某一国银行体系稳定性时无法直接套用（刘晓星，2009）。随后，在 FSAP 项目的协助下，压力测试方法成为其成员国政策当局金融稳定性分析中广泛使用的工具，各国政策当局纷纷开发出自

[①]　宏观压力测试是对微观层面压力测试的有益补充，它不是对微观层面各金融机构受险资产组合进行压力测试的简单加总，而是将各宏观经济冲击变量整合量化为一个宏观因子，将宏观波动因素整合到评估银行信贷风险的模型中，通过压力情境的构建，模拟"危机事件"来估计极端却可能的压力情境下金融体系的波动，预测在极端但可能发生的宏观经济变动下对银行系统信贷违约概率的影响（华晓龙，2009）。

己的宏观压力测试系统，典型的有英格兰银行的 TD 测试系统、奥地利银行的 SRM 测试系统等，也有学者纷纷对各国压力测试系统的构建方法和评测结果进行了剖析。

2. 基于线性模型的压力测试法

在压力测试的研究中，很多学者采用线性计量模型作为信用风险压力传导模型，直接将宏观经济因子的变化反映在承压指标上，这一类压力测试方法的技术难度较低，测试结果较为直观。

这方面的文献中，对后续影响较大的是威尔逊（Wilson，1997）的研究。威尔逊（1997）采用非结构性简约方程对银行业的信用风险进行了压力测试，用于评估未遇见的宏观冲击对银行体系稳定性的影响。其主要方法是通过构建模型，将银行的违约率与宏观经济变量之间建立联系，通过生成宏观经济冲击，来模拟银行违约率的动态变化。利用这些模拟出的未来违约率，能够获取在当前宏观经济条件下，固定资产组合预期和未预期到的损失情况；再采用加权平均的方法计算出总体潜在损失，就可以估算出整个银行体系的抗风险能力。威尔逊（1997）的模型则比较直观，且容易计算，自提出后，得到了学者们的广泛应用，用该模型来估计宏观经济变量对银行业违约概率、信用风险的影响。

华晓龙（2009）以贷款违约率作为评估银行系统信用风险的指标，使用 Logit 模型将贷款违约率转化为综合指标 Y，以指标 Y 作为因变量与宏观经济因素进行多元线性回归分析，通过构建名义国内生产总值大幅下降和通货膨胀率骤升两种宏观经济极端情景，观察贷款违约率的变动情况。

3. 基于非线性模型的压力测试法

也有很多学者基于微观压力测试法，构建违约概率与宏观经济因素的 VAR、似不相关回归（SUR）及其扩展模型（如 MVAR、GVAR、VECM），用于考察宏观经济与银行体系及其信用风险间的相互作用关系（盛斌、石静雅，2010；谭晓红、樊纲治，2011）。

除了信用风险外，也有些学者利用压力测试法，分析了宏观经济冲击对银行其他方面风险的影响。周凯、袁媛（2014）基于现金流缺口分析模型构建流动性风险压力测试模型，通过引入客户行为模型和新业务量模型实现对现金流量的动态模拟，并将敏感性分析与情景模拟相结合，对南京银行的流动性风险进行了压力测试。

第四节　相关研究评述

已有文献对"资本流出冲击银行体系风险"的研究取得了很大进展，但仍有一定局限，表现如下。

第一，对资本流出作用于银行风险的研究不深入。拉美债务危机后，学者们多分析发展中国家资本账户开放后的资本流动（流出＋流入）或流入对其银行体系的冲击，专门分析资本流出影响的文献较少。很多学者注意到资本流出的冲击是通过银行体系发挥作用，但从实证角度对此进行论证的并不多。

第二，对资本流动冲击作用的分析不充分。（1）很多研究采用评估极端事件对金融体系潜在冲击的压力测试法来评估外生冲击对银行风险的影响（华晓龙，2009），但并未将资本流动因素纳入分析框架。大量金融市场风波表明，压力测试的假设应包括更大范围市场动荡的影响，如新兴市场危机、资本市场逆转等（廖岷、杨元元，2008）。（2）多数分析资本冲击的研究忽略了商业银行结构的差异，由于股权结构和地域的不同，可以预见，资本流出对不同类型商业银行将产生不同影响（刘刚、卢燕峰，2015）。（3）一些学者构建了包括多种指标（如银行存贷比、市场利率、货币供应量、不良贷款率等）在内的银行风险指数，评估资本流动（或流入）对银行风险的影响（王曼怡、蒋静芳，2016），这种综合性的指标融合了多个市场的风险因素，无法准确识别银行风险的具体来源。

第三，分析方法尚有改进空间。现有压力测试的研究中，很多学者在威尔逊（1997）的框架下，采用基于条件均值的信用风险分布，但如佐尔格和维罗莱宁（Sorge & Virolainen，2006）所言，通过简约型结构估计宏观因素与金融脆弱性之间的非时变关系，会产生参数不稳定性和逆向因果关系的问题。更重要的是，当前的压力测试方法存在概率缺失的问题，即无法提供情景发生的可能性，而需要管理者主观判断。更重要的是，该方法只能涵盖银行所包含的产品定价模型、定价模型所包含的风险因子，而无法检测其他产品及其他变量对银行风险及资本充足情况的影响。对于无法在定价模型中体现的风险，如系统性风险、流动性风险、不同市场相关性等，就无法进行压力测试分析（王冬，2011）。

第三章

跨境资本流出的现状
及其类型分析

在全球经济一体化的今天，资本在国家间的频繁流动已成为任何人都无法阻挡的一种趋势。各国经济发展经验表明，合理有序的国际资本流动会带动一国经济的发展，对发展中国家经济增长的促进作用尤为明显。然而，如果很短的时期内，国际资本在一国内频繁进出，势必会影响后者经济的平稳发展，甚至有可能会埋下爆发金融危机的隐患。比较典型的就包括1997年席卷东南亚地区的金融风暴、2008年发生于美国进而蔓延到全世界的次级房贷危机，都严重冲击了当时的全球金融稳定。自改革开放开始以来，我国对外投资的步伐逐步提升，金融市场开放的力度也日益增大，吸引了越来越多的国际资本，外汇储备曾一度冲击到4万亿美元的高度。理论上，一国外汇储备的积累有两个主要的源头：一方面是来源于出口贸易，再减去进口贸易中所使用的部分，通过净出口创汇而实现；另一方面是为了防范金融风险的冲击，以及资本流动对国内经济增长可能构成的负面影响，一国的外汇管理当局主动增持。随着人民币贬值预期、汇率波动等因素，我国的跨境资本逐渐外流并隐约出现扩大的势头。这种态势引起了各方的关注，在全球竞相争夺资本这一稀缺要素的后危机时代背景下，如何有效监管跨境资本流出，平稳度过国际资本流向大逆转的周期，已成为关乎我国改革成败的关键。本章将对我国近 10 年来跨境资本流出的现状、规模及原因进行分析，以期对我国资本流动全过程有一个清晰的掌握，同时，对当前跨境资本流动在我国经济和金融体系中所处的位置有一个框架性的了解。

第一节　我国跨境资本流出的
现状、规模

在涉及国际资本流动测算的研究中，最常用的方法就是依托国际收支平衡表（BOT）的数据进行分析，已有众多学者通过对国际收支平衡表不同账户的分析和测算得出我国跨境资本流出的规模（王信、林艳红，2005；张明，2015；余永定，2017；管涛，2017）。这种方法的好处在于数据可得性更强，且涵盖的时间范围更广泛，但频率过低是其主要缺陷，在实际研究中，我们常常会需要更高频率的数据以进行更详尽和清楚的分析。银行体系跨境收付的数据能够更好地解决这一问题，它提供了银行跨境收付的月度统计结果，能够在更高的频度上对资本流动的规模进行测算，进而对资本流动的变化情况提供更准确和清晰的判断。

在实际研究中，学者们往往格外关注短期资本的流动，这是因为相比于长期资本，短期资本更易于大幅波动，产生的短期突然逆转也更具冲击性和伤害性。因此，在测算跨境资本流动规模的时候，我们将综合采用国际收支平衡表的季度数据[①]、银行结售汇的月度数据，同时结合跨境收付的月度数据，从不同视角、不同期限和不同维度上，对我国跨境资本

---

① 　书中采用 2014 年国际收支账户变更后的 BPM6 统计口径，将储备资产归到了金融账户里。

流出的现状与规模进行衡量和测算。鉴于中国人民银行提供的季度国际收支平衡表数据始于 2010 年，我们的样本区间为 2010~2020 年共计 11 年时间。

一、基于国际收支季度数据的分析

（一）跨境资本流动

国家外汇管理局数据显示，2010 年第一季度至 2020 年第二季度，我国的经常账户均表现为顺差，其中仅 2018 年第一季度和 2020 年第一季度为逆差，逆差额分别为 341 亿美元和 337 亿美元，且在 2020 年第二季度，经常账户顺差达到近十年来的最高值 1102 亿美元。我国的资本和金融账户从 2010 年开始到 2016 年第二季度，总体上表现为逆差，即持续地呈现资本流出状态，其中 2010 年第三季度的逆差最高达到 770 亿美元，仅在 2013 年第四季度和 2015 年的第三季度表现为小额顺差；从 2016 年第三季度开始，资本和金融账户由逆转顺，并保持此趋势至 2020 年第一季度，其中仅 3 个季度出现小额逆差；而在 2020 年第二季度，逆差突然增大至 345 亿美元。净误差与遗漏账户在一定程度上直接体现了官方统计口径以外的资本流动情况，除了在 2011~2014 年的第一季度为顺差外，在 2010~2020 年近 10 年的时间里，该账户总体呈现逆差，直到 2020 年第一季度才重现顺差，顺差额度达到 226 亿美元；值得注意的是，自 2014 年第四季度起，我国净误差与遗漏账户数值明显增大，在 2017 年第四季度最高达到 880 亿美元，且多个季度数额超过 500 亿美元，表明自 2014 年第四季度起，我国有明显的资本流出（见图 3-1）。

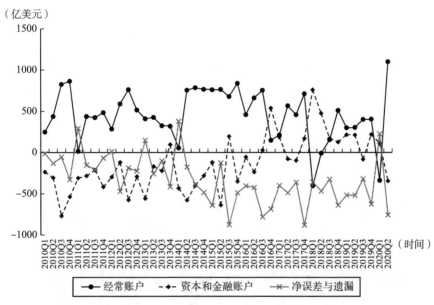

（亿美元）

图 3 - 1　2010 年第一季度至 2020 年第二季度我国国际收支状况

资料来源：国家外汇管理局。

通过剖析金融账户的变化状况，我们能够得出如下论断：①直接投资从 2010～2015 年第二季度，一直保持顺差，即直接投资项一致表现为外资净流入的状态，且均在 250 亿美元以上，直至 2015 年第三季度直接投资项开始由顺转逆，这表明直接投资呈现净流出态势，在第四季度小幅回落为顺差 50 亿美元后又继续保持逆差，直到 2016 年第四季度才又转为顺差，至 2020 年第二季度，除两个季度出现逆差外，该数额总体保持顺差。②证券投资从 2010～2014 年的 20 个季度里，仅有 2010 年第二季度为逆差 95 亿美元，其余季度为顺差，意味着这段时间内证券投资资本总体净流入。从 2015 年开始，到 2017 年第二季度，除了 2016 年第二季度为顺差 88 亿美元之外，其余季度一直保持逆差，意味着证券投资资本净流出，在 2016 年第一季度的逆差高达 402 亿美元，自 2017 年第三季度起，证券资本开始回流，这一趋势一直持续到 2020 年第二季度。③相比于直接投资和证券投资的稳定，其他投资的起伏性较大，从 2010 年到 2014 年第一季度中间有起有伏，逆差总额 4654 亿美元，顺差总额 3189 亿美元，总体来说逆差大于顺差，其他投资资本流出大于流入；从 2014 年第二季度开始一直保持逆差，直到 2017 年第一季度才转为顺差，在这中间的 11 个季度里有 10 个季度的逆差均超过 600亿美元，其他投资资本大额流出；自 2017 年第二季度至 2020 年第二季度，数额呈现顺差逆差交替的趋势（见图 3－2）。

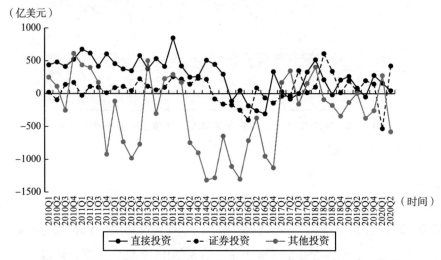

图 3－2　2010 年第一季度至 2020 年第二季度资本和金融账户季度数据

资料来源：国家外汇管理局。

我们进一步研究其他投资下子账户的波动情况会发现，从账户数额上看，货币和存款、贷款、贸易和信贷和其他资产与负债四个子账户的数额较大，保险和养老金子账户数额较小。在前面提到的 2011 年第四季度至 2012 年第四季度以及 2014 年第二季度至 2016 年第四季度两次明显的其他投资类资本流出中，货币和存款及贷款两个子账户的逆差则是引致其他投资资本流出的主要因素。如在 2011 年第四季度至 2012 年第四季度其他投资资本流出中，其他投资逆差数额达到 3523 亿美元，其中货币和存款子项目逆差则有 2590 亿美元，占其他投资逆差数额比重的73.5%。而在2014年第二季度至2016年第四季度的其他投资资本流出的构成中，货币和存款、贷款子项目逆差各占其他投资逆差的29.3%和46.5%。2017年后没有出现数额过大的其他投资资本流动。值得注意的是，2019年第二季度出现了较大数额的货物和存款逆差以及贷款顺差，而且在2020年第二季度，四个子账户均出现了逆差，导致其他投资逆差达到自2017年以来的最大值580亿美元（见图3-3）。

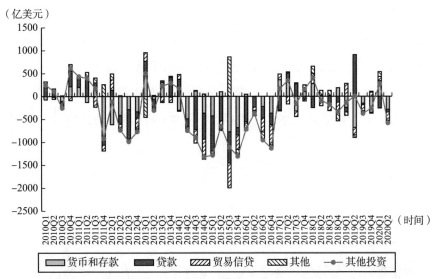

图3-3　2010年第一季度至2020年第二季度其他投资账户及其子账户季度数据

资料来源：国家外汇管理局。

（二）短期跨境资本流动

鉴于短期资本的冲击和破坏力都更强，这里，我们将单独对短期跨境资本的流动进行测度。我们将依托国际收支平衡表的数据，采用世界银行（1985）提出的间接法（或称余额法）来测算样本期内我国短期跨境资本的流动情况，即从总的外汇储备增量中，扣除两部分额度，分别是经常项目顺差和外商直接投资净流入的部分，同时再扣除掉外债余额的增量，以此得到的余额即为当期的短期资本流入量。考虑到外汇储备的估值效应和海外投资收益，本节参考刘莉亚（2008）的计算方法，外汇储备增量的部分通过外汇占款增量的数据来度量，以剔除二者的影响，最后的公式为：

$$CAP = FER - CA - FDI - FDB$$

其中，CAP 代表短期跨境资本流入水平，FER 表示当期的外汇占款增量，CA 表示当期的经常项目顺差值，FDI 为当期的外商直接投资净流入量，FDB 表示当期的外债余额增量。

短期资本流动的具体情况如图 3-4 所示。在 2010 年第一季度至 2014 年第一季度之间，短期资本流动处于正负波动状态，其中 2011 年净流入值达到最大。进入 2012 年，资本和金融项目开始出现逆差的状况，这表明资本出现了流出态势。而自 2014 年第二季度起至 2020 年第二季度，我国经济下行压力加大，经济陷入了"三期叠加"的特殊阶段；与此同时，美国经

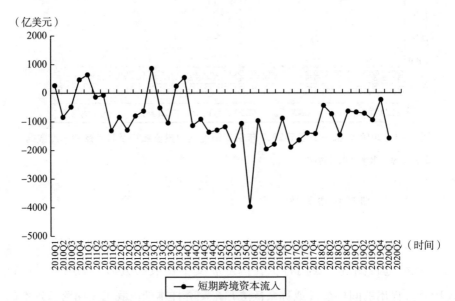

图 3-4 短期跨境资本在 2010 年第一季度至 2020 年第二季度期间的流入情况

资料来源：笔者根据国家外汇管理局数据计算得出。

济基本形势持续改善，引发短期资本不断外流，2016 年第一季度数额最高达到 3967.33 亿美元，2016 年一整年资本流出规模达到 8617 亿美元。这意味着在这种计算口径下，我国从 2014 年第二季度起一直面临着较高数额的资本流出，2016 年流出状况尤为严重。此时，央行出台了一系列调控手段和政策，资本流出的态势得到了明显的控制，流出规模在波动中逐步缩窄，到 2017 年上半年已经出现大幅缓解，在前文的数据分析中，我国在 2017 年之后各项数据都显示我国跨境资本处于流入状态，但通过对短期资本流动程度的计算，我国在 2017 年以后短期资本仍在流出。

综上所述，基于国际收支平衡表数据分析，我们能够得到以下这些论断：首先，2014 年第四季度至 2016 年第四季度以及 2020 年第二季度，我国发生了明显的跨境资本流出问题；其次，此次跨境资本流出中，金融账户下的其他投资账户对于资本流出影响最为重大；最后，我国短期跨境资本从 2014 年第二季度至 2020 年第二季度始终处于净流出状态，平均数额在 1200 亿美元以上。

二、基于银行结售汇和跨境收付月度数据的分析

如图 3 - 5 所示，从国家外汇管理局公布的银行结售汇月度数据来看，自 2010 年起，我国银行结售汇每月都是顺差的状态，即结汇金额远超过售汇金额，市场对于外币的供给大于需求，即国际资本处于一种净流入的情况，最高的时候在 2014 年 1 月曾实现当月银行结售汇顺差 733 亿美元。

从 2014 年 8 月起，银行结售汇数额呈现出为逆差态势，当年总计实现顺差额 1258 亿美元，到 2015 年仅 5 月、6 月两个月为顺差，其余月份均为逆差，2015 年一整年，银行结售汇逆差实现多年来的峰值，高达 4659 亿美元；2016 年，更是每月均为逆差；进入 2017 年后，截至 8 月份，每月逆差的情况仍在继续，而从 9 月份至 12 月份，仅 10 月维持逆差，其余 3 个月均

为顺差。2018 年第一季度，数额仍为逆差，而在第二季度全季转为顺差，又在 7 月转为逆差并持续到 12 月，2018 年一整年逆差额为 560 亿美元。2019 年除 1 月和 12 月数额为顺差，其余月份均为逆差，一整年逆差达 560 亿美元。2020 年 1～6 月份，结售汇一直保持顺差，2020 年 5 月，顺差值为 238.46 亿美元，7～8 月小额逆差后，9 月又转为顺差。

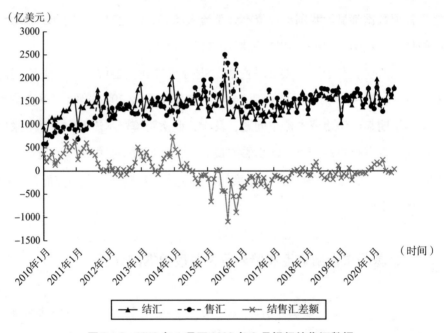

图 3-5 2010 年 1 月至 2020 年 9 月银行结售汇数据

资料来源：国家外汇管理局。

从银行结售汇的构成来看，以银行代客结售汇的变化最为明显，从 2014 年 9 月开始，一改先前的顺差格局，转变为逆差，且规模不断增大，其中只有 2015 年 5 月、6 月这两个月为顺差，2017 年开始结售汇规模减小，但大部分仍为逆差，至 2019 年 11 月，仅 7 个月数额为顺差。自 2019 年 12 月起，转为顺差，2020 年 5 月顺差最高达 201 亿美元。代客结售汇为顺差，意味着居民和企业对人民币存在升值预期，净出售外汇，减持外汇资产。具体来看，在银行代客结售汇的资本与金融项目中，直接投资项始终保持着顺差态势，直到 2015 年 8 月才转为逆差，之后一直维持逆差至 2017 年 11 月，之后再次转为顺差并持续到 2020 年 9 月，仅 2019 年 4 月和 2020 年 5 ~ 7 月出现小额逆差。而证券投资却是在 2014 年 8 月就开始由顺差转为逆差，直到 2017 年 12 月，自 2018 年 1 月起，数额总体呈现顺差趋势。其他投资项则一直保持逆差状态，仅有四个月为顺差。且由图中可看出自 2014 年 9 月至 2016 年 12 月，其他投资逆差规模增大，与代客结售汇及国际收支平衡表中的其他投资账户规模呈现相同趋势，表示这段时间内我国出现大规模跨境资本流出（见图 3 - 6）。

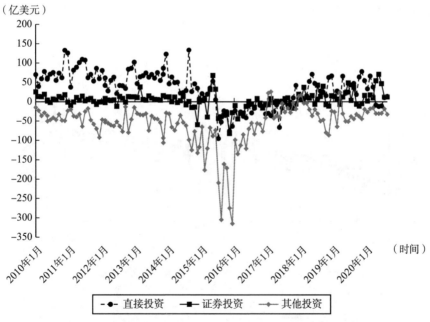

图 3 - 6　银行代客结售汇——资本与金融项目结售汇差额

资料来源：国家外汇管理局。

　　根据银行代客涉外收付款数据的显示，自 2010 年 1 月至 2014 年 7 月，银行代客涉外收付款总体显示的是顺差格局，即代客涉外收入大于支出，代表资本净流入。最高的时候在 2013 年 1 月，实现当月银行代客涉外收付款顺差，额度为 542 亿美元，其中仅 2012 年 8～10 月及 2013 年 6～7 月为逆差，其余均为顺差。从 2014 年 8 月起，至 2015 年 6 月，银行代客涉外收付款呈现顺差、逆差交替进行的、不稳定的波动状态。而从 2015 年 7 月起，银行代客涉外支出大于收入，意味着资本净流出，且这一趋势一直持续到 2019 年 9 月。在 2015 年 12 月，逆差数额最高达 725 亿美元，在四年多时间内，仅有 6 个月为顺差，且数额较小，特殊的是 2018 年 1 月顺差达到 246 亿美元、2019 年 1 月顺差达到 413 亿美元，与其余时间数额差距较大。2019 年 10 月至 2020 年 9 月，总体为顺差，仅在 2019 年 11 月和 2020 年 3 月出现逆差（见图 3 - 7）。

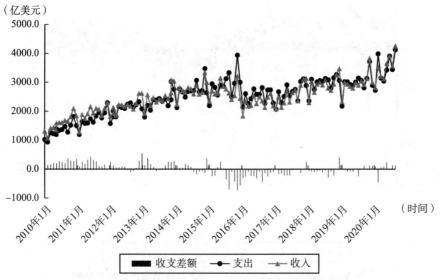

图 3 - 7　银行代客涉外收付款 2010 年 1 月至 2020 年 9 月的变动情况

资料来源：国家外汇管理局。

其中，资本与金融账户差额自 2010～2016 年 11 月同收付款差额呈现相似趋势。2010 年 1 月至 2015 年 6 月资本与金融账户差额总体呈现顺差的格局，意味着资本的净流入，2014 年 1 月顺差高达 331 亿美元，其中仅两个月份数据为逆差。2015 年 7 月至 2016 年 11 月数额为逆差，意味着资本的净流出，2015 年 12 月逆差高达 534 亿美元。2016 年 12 月至 2017 年 7 月，数额呈顺差逆差交替波动状态。自 2017 年 8 月起，数额总体呈现顺差趋势，其中仅两个月份为逆差，意味着资本总体流入，该趋势与总收付款数据波动趋势不同。2018 年 11 月份起，二者变化趋势趋同，但资本和金融账户变化幅度与收付款差额变化幅度相比更小。具体来看，直接投资差额及其他投资差额均同资本与金融账户差额呈现相同的波动，于 2015 年 7 月至 2016 年 11 月为逆差，经过一段时间的顺逆差交替后，2017 年 7 月起，直接投资调整为顺差，一直持续到 2020 年 9 月，其中仅 2020 年 5 月为逆差，数额为 70 亿美元；证券投资差额自 2015 年 9 月起总体为逆差趋势，其余时间均为顺差，波动幅度始终较小，自 2018 年 3 月起，证券投资数额增大，且多为顺差，2020 年 3 月出现大额逆差 314 亿美元；其他投资差额在 2010 年 1 月至 2014 年 6 月总体呈现顺差，2010 年 7 月至 2016 年 7 月为逆差，随后调整为顺差，自 2017 年 7 月起出现起伏，顺逆差交替，且数额较小（见图 3－8）。

综上所述，基于对银行跨境收付月度数据的剖析，我们能够得出如下一些有价值的论断：①银行结售汇数据表明，我国在 2014 年 8 月至 2017 年 8 月、2018 年第一、第三、第四季度、2019 年和 2020 年第三季度均出现跨境资本流出；②2010～2019 年，银行代客结售汇金融项目下的直接投资和其他投资子项，在总体跨境资本流出中贡献较大，而结合 2020 年 1～9 月数据来看，证券投资在跨境资本流出贡献最大；③银行代客涉外收付款数据显示，我国在 2015 年 7 月至 2019 年 9 月出现跨境资本流出；④2010～2017 年，银行代客涉外收付款资本与金融项目下的直接投资子项，在跨境资本流动中的作用也逐渐增大；而在 2018 年后，证券投资子项数额增大，在总体跨

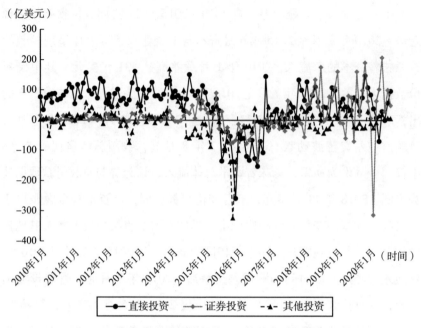

（亿美元）

图例：—●— 直接投资　—◆— 证券投资　--▲-- 其他投资

图3-8　银行代客涉外收付款——资本与金融项目差额

资料来源：国家外汇管理局。

境资本流动中的贡献也在不断变大；⑤与国际收支平衡表的分析结果对比发现，银行结售汇数据所测得的跨境资本流出时间跨度更大，数额相对较小，银行代客涉外收付款数据所测得的跨境资本流出起始时间较晚，数额也较小。

第二节　近期我国跨境资本流出的具体类型

一、不同身份掩盖下的国际游资

自2003年开始，人民币持续呈现升值的势头，这种状况一直持续到

2007 年，让诸多国际投资者认为持有人民币资本会比持有其他货币资本更有升值空间，使得国际游资在这段时间一直呈现流入趋势。起初，流入的规模较为稳定，但 2006 年以后，国际游资的涌入出现了两次高峰，最高达到 400 亿美元，而此时也正逢国内股市蓬勃发展且人民币升值过程持续升温的阶段。2008 年全球性金融危机蔓延全世界，先前流入我国的一些国际游资纷纷大规模流出，最高撤回量达 600 亿美元。2009 年后，随着世界各国经济的逐步复苏，国际游资又开始到处寻找投机机会，中国首当其冲，由于国际经济形势的不稳定，游资的规模也是在不停地变化，2009～2015 年最高流入量一度达到 2000 亿美元。这些投机资本以各种形式流入我国，包括通过外贸顺差（虚假交易）、利用合格境外机构投资者（QFII）的身份以及通过贷款项的境外融资等，其中外商投资形式的国际游资长期稳定占到了外商投资总额的 50%，外贸形式的国际游资约占外贸总额的 20%。这些投机资本的流入并不是为了通过正常的投资获取收益，相反更多的是出于赚取资本流入、流出过程中结汇所产生利差，这种投机类型资本的流入最终依旧是以流出为目的。随着 2015 年底和 2016 年底美联储的两次加息和美国国内经济强势复苏后美元币值的逆转，加之人民币升值已达到了一个瓶颈，许多投机者纷纷抛售手中的人民币外汇资本，转而奔向发达国家寻求新一轮的投机。

2017 年人民币出现币值回升，人民币升值对于国际资本的流入是一个有利的信号。随着资本不断涌入，2017 年我国外汇储备实现增长，达到 31399.49 亿美元。从非储备性质的金融账户来看，2017 年我国跨境资本已经由前期的净流出，转而实现了净流入。2018 年由于资本与金融项目项下，结售汇差额由逆转顺，这直接导致了当年的结售汇逆差大幅度缩窄。

数据显示，在中美贸易摩擦的国际环境下，2019 年我国的经常账户仍实现了顺差，这可能是由于初次收入项下的投资收益项出现由负转正的情况。在 2019 年第二季度，短期资本的净流出额为 624 亿美元，呈现出大量资本外流的现象，这主要是受中美贸易摩擦问题和国内经济下行的影响。

二、企业层面以投资形式流出的国内资本

对其他国家进行投资或者并购一直是我国企业层面输出资本的一个重要渠道。2019 年开始，中国企业对外投资的结构得到优化，且多元化程度愈加明显，中国海外并购主要流向消费品行业、新兴产业和高端服务行业。2019 年上半年中国企业以并购形式进行对外投资比重下降，原因是 2018 年以来，美国和欧洲一些国家先后出台相关法案限制外商投资，增加了中国海外并购的阻力，而亚太地区一些新兴发展中国家给予外商投资相应的便利条件，中国企业对外投资的目光也转向这些新兴的发展中国家。

随着"一带一路"建设的兴起，中国对外投资企业的数量更是在短短几年内剧增。进入 2019 年之后，与 2018 年同期相比，我国对沿线国家的投资呈现较大幅度的增加，对外承包工程项目规模较大，能够带动"一带一路"共建国家的经济较快发展。

三、个人层面流出的国内资本

我国居民资本变动反映在金融与资本账户下其他投资的各子项资产方的变动上，从图 3-9 可以出各子项资产方的变动又主要反映在货币和存款项目的变动上。2010~2019 年第二季度，各子项资产方除了 2010 年第四季度和 2017 年第四季度为正，其余季度均为负，我们看到在 2010 年第三季度、2011 年第四季度、2012 年第二季度和 2014 年第二季度，资产方的大额净流出大都是由货币和存款大额净流出导致的。具体来看，从 2010~2012 年第

四季度资产项下货币和存款总体上表现为净流出，只在 2011 年第三季度和 2012 年第三季度表现为小幅度的净流入，分别为 43 亿美元和 35 亿美元；2013 年第一季度资产项下货币和存款的净流入达到最高值 248 亿美元，接着从 2013 年第二季度到 2019 年第二季度，仅有 2016 年第一季度和 2017 年第一季度为小幅度净流入 3 亿美元和 17 亿美元。在 2013 年第一季度前，资产项下货币和存款变动起伏较大，有流入也有流出；从 2013 年第二季度到 2016 年第一季度，资产项下货币和存款的变化仅有流出且数据变动较为明显；在此之后，从 2016 年第二季度到 2017 年第一季度，数据显示，资本一改先前的净流出态势，已经调整为净流入，波动较小。从 2017 年第二季度到 2019 年第二季度，资产项下货币和存款变动起伏较大且仅有流出。

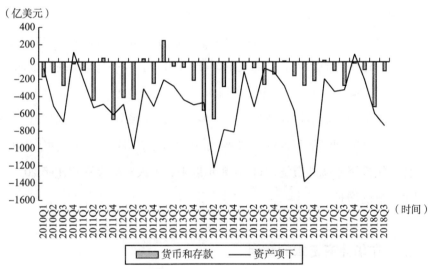

图 3-9　2010 年第一季度至 2018 年第三季度其他投资

账户资产项下货币和存款变动情况

资料来源：国家外汇管理局。

此轮国际资本外流中，以家庭和个人为主体，流出的资金占了很大比例。鉴于国内证券市场的风险过高，发展程度低下，很多家庭和个人直接将资本投放到海外市场，更有利于资本的保值增值①。2014 年以来，在美国联邦储备银行提升利率预期和国内"8·11"汇率改革的联合影响下，消费者不断增持外币财富，国内银行账户上出现了大量的外汇存款，出现"藏汇于民"的现象。除了个人购汇，国内近两年掀起了个人海外证券投资的浪潮。港股通自 2014 年下半年开通以来，受到国内个人投资者的广泛青睐。从交易量来看，两年多来，大量内地资金通过流入港股市场，进而间接投资境外上市公司。此外，合格境内机构投资者（QDII）制度的推出助长了证券资本外流的态势。长期以来，中国一直对境内居民持有境外投资控制得很严，国内证券市场的泡沫化让大批投资者选择转战境外市场。

自 2017 年 1 月 1 日起，中国外汇管理局要求，境内居民每人每年购汇的最高额度是 5 万美元，同时对购汇资金的用途进行更详尽的审查，明确规定境内个人办理购汇时，不得用于境外买房、证券投资、购买人寿保险和投资性返还分红类保险等尚未开放的资本项目，且不得参与洗钱、逃税、地下钱庄交易等违法违规活动。受此规定影响，2017 年第一季度出现资金回流，且 2017 年与 2014～2016 年相比，资金流出量有所减少。2018 年，国务院发布通知，支持个人从事境外证券投资，但前提是这些个人在自贸试验区内要符合一定条件，同时从事投资时需要遵守相关规定。这一政策方便了境内经济主体直接投资于海外市场，自 2018 年以来，个人对外投资相比于 2017 年出现了明显的增长。

四、在华外商资本的撤回

其他投资下资本流动是影响我国国际收支的重要因素。从图 3 - 10 可以看出，各子项负债方变动主要反映在货币和存款以及贷款项目的变动上。

---

① 王世华，何帆. 中国的短期国际资本流动：现状、流动途径和影响因素［J］. 世界经济，2007（7）：12 - 19.

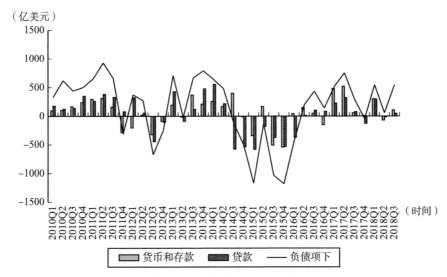

（亿美元）

图 3 − 10　2010 年第一季度至 2018 年第三季度其他投资

账户负债项下各子项目变动情况

资料来源：国家外汇管理局。

　　在 2014 年第二季度以前，各子项的负债方总体上正，仅有 2011 年第四季度、2012 年第三、四季度和 2013 年第二季度为负；紧接着从 2014 年第三季度到 2016 年第一季度一直为负，且起伏明显，到 2016 年第二季度开始转正并一直持续到 2017 年第三季度。2017 年第四季度出现负方向变动，进入 2018 年后整体变动为正，且变动幅度较小，我们看到 2012 年第三季度、2014 年第三季度到 2016 年第一季度，负债项保持较大负数很大程度上是因为来华投资的非居民货币和存款、贷款撤回。

　　随着国内经济形势转暖，2008 年起美国联邦储备银行开始实施量宽政策，并屡次提升利率，美元指数不断上升，造成了人民币贬值的巨大压力。2015 年底和 2016 年底美国联邦储备银行先后两次量化宽松，提高利率，再次引发了国内经济主体向境外输出资本。特别是 2016 年以后，随着中国经济步入新常态轨道和经济结构调整的深入，国际投资者纷纷判断人民币会再次贬值，加之中国经济面的影响和中长期的结构性因素，国际资本开始又呈现流出的势头。尤其是在特朗普上任后，在市场预期的调整下，大批美国在华企业纷纷撤回了其在华投资。与此同时，更有许多已经积累了大量财力的中国制造企业，利用此次机会，进军美国市场，以期学习先进技术和经验，攀升全球价值链定位，这又再次加剧了国内资本外流的势头。

特朗普任期内，美国对华始终执行贸易保护主义政策，自 2018 年 3 月以来，美国对中国采取了加征商品关税等一系列措施，中国和美国之间存在的贸易摩擦问题愈演愈烈，对跨境资本流动也产生了一定压力。2018 年第三季度美国企业资本回流延续了前两个季度的强势，净回流规模不断扩大。国内有些外资企业也开始出现了资本转移，纷纷将企业转移至东南亚其他国家，而贸易摩擦在一定程度上也会影响新的投资者来华投资。中美之间的贸易摩擦问题同样也影响着证券市场，欧洲及美国股市在贸易摩擦伊始都出现破位大跌现象，这不可避免地冲击到世界各地的资本市场，也使得全球投资者更为谨慎，很多在前期流入我国资本市场的外国资本纷纷回流①。进入2019 年，伴随着中美之间贸易摩擦问题的不断升级，引发了证券市场的震荡，为了避免证券市场震荡所带来的危害，那些以投机套利为目的的外商投资进一步撤出资金，造成我国的资本外流。数据显示，2019 年前 6 个月外国对中国股权投资总额仅达到了 72 亿美元，相较于 2018 年同期对华股权投资规模明显下降，而 2019 年 4～6 月，外国的投资者从我国撤回了大量的股权投资，总计达到 131 亿美元。受中美之间贸易摩擦的波及，投资者纷纷下调人民币预期，导致人民币值大幅下跌。进入 2019 年虽然曾在 1～3 月出现短暂的升值，但 5～6 月贬值又卷土重来，人民币迅速的贬值导致持有人民币的投资者纷纷在外汇市场上把人民币兑换为外币，以规避贬值可能引发的损失，这使得大量的资本流出我国，而人民币的贬值容易诱发投机性资本的外流。

---

① 谭小芬，梁雅慧. 我国跨境资本流动：演变历程，潜在风险及管理建议［J］. 国际贸易，2019（7）：10－17.

第四章

跨境资本流出的新特点及原因分析

第一节　近期我国跨境资本流出的新特点

一、国际收支转变为"一顺一逆"的新格局

结合前文国际收支季度数据，从 2010 年 1 月到 2020 年 9 月，我国资本与金融账户下的跨境资本经历了由较长期的净流出到净流入的转变。总体来看，相比于 2010～2015 年底的资本流出，从 2016 年开始，到 2020 年 9 月跨境资本流出压力有所减轻，但是反映在各项投资上的变动有所不同，具体来看：

1. 直接投资总体表现较为平稳，跨境资本流入大于流出

从前面的分析可以看到，我国直接投资账户长时间保持顺差，只在少数时间为逆差。其中，外国来华投资一直保持在 200 亿美元以上，仅在直接投资账户逆差期间有所减少，说明我国外来资本的吸引力依然存在；我国对外

直接投资整体起伏和波动较小，只在 2015 年初到 2016 年底有所增加并超过了外国来华投资，直接导致了直接投资账户转为逆差。随后外国来华投资重新反弹，我国对外投资又逐渐减少，直接投资慢慢回归顺差。

2. 证券投资波动较大，流出超过流入

证券投资在 2015 年以前资产和负债起伏较小，跨境资本流入大于流出；2015 年以后变动起伏较大，跨境资本流出大于流入。细分来看，在 2015 年之前，外国来华证券投资总体上是大于我国对外证券投资的，并且缓慢增长，此阶段证券投资账户一直保持顺差；从 2015 年 1 月份到 2016 年年底，我国对外证券投资猛增，外国来华投资减少，此时跨境资本流出大于流入；2017 年第一季度，我国证券资产依然大于负债，不过差额已经减少并有继续缩小的趋势。从 2017 年 7 月份至 2020 年 7 月份，我国证券资产均小于负债且出现增大趋势。

3. 其他投资波动频繁，总体净流出

其他投资顺逆差转换频繁，账户波动比较大，总体流出大于流入。前面已经分析到，该账户从 2014 年 4 月份开始一直保持逆差，直到 2017 年第一季度才转为顺差。分别观察资产项和负债项可以看到，外国来华投资 2014 年第三季度开始大幅度减少，曾达到 1181 亿美元，直到 2016 年 4 月才开始慢慢回落，结合前文的国际资本回流，该阶段可能存在国际投资资本的大量撤回；而我国对外其他投资从 2014 年第二季度开始逐渐减少，在 2016 年三四季度反弹到 1298 亿美元。但进入 2017 年，第一季度又出现了大幅收窄的情况，减少至 194 亿美元，并且有继续减少的趋势，导致该季度其他投资项目呈现顺差，2018 年第三季度对外其他投资出现了大幅上升，达到 17936 亿美元。

综上所述，直接投资总体表现平稳，跨境资本流入大于流出；证券投资稍有起伏，跨境资本有流入的部分同时也伴随着流出；其他投资的波动最强，并有周期性，随着来华投资的慢慢增多和我国对外投资的逐渐减少，跨境资本在接下来的一段时间很有可能流入大于流出。所以，从 2016 年开始，我国对外投资总体的压力将会比 2016 年以前减缓。

根据图 4 - 1 非储备金融账户的变动来看，近年来我国跨境资本流动总体趋于平稳。从数据的表现我们可以看出，2010～2020 年，我国非储备性质的金融账户屡次呈现出逆差状态，分别是在 2012 年、2014 年第二季度到第四季度、2015 年和 2016 年。除此之外，其余年份皆保持顺差。从历史上来看，我国得以在多年呈现出经常项目顺差、资本项目顺差的态势，主要由我国以往实行的"宽进严出"的指导政策所致。但随着资本项目逆差情况的发生，我们长时间的双顺差格局被突破，国际收支展示出新的局面。而 2012 年、2014 年、2015 年和 2016 年 4 年资本项目一直呈现逆差的态势，这表明国际资本在持续从我国流出。这其中的原因正如我们前文分析的，既有

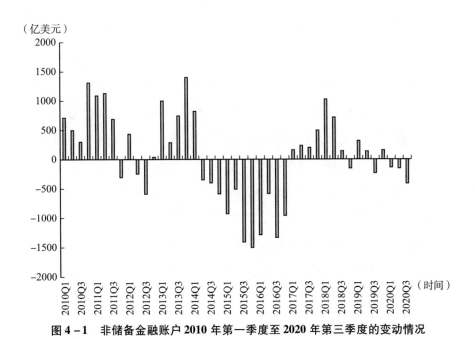

图 4 - 1　非储备金融账户 2010 年第一季度至 2020 年第三季度的变动情况

资料来源：国家外汇管理局。

企业层面在海外投资增加引发的资本流出，也有居民和个人等经济主体，出于避险和增值等目的，而加大外汇持有引发的资本流出。进入 2017 年，随着国内监管政策的趋紧，以及经济政策的调整，国际资本流动开始发生逆转，呈现净流入的态势，2018 年前三季度继续保持顺差趋势，转向基本平衡。而 2019 年之后，又出现逆差的走向。

二、国际资本流动的结构发生调整

改革开放以来，我国采取了一系列积极的举措，主动给予外商各种投资上的优待，鼓励外商来华投资，加上国内投资环境较好，大量的外资由直接投资的方式进入中国境内，而证券投资却一直被限制。国家外汇管理局的数据显示，2001 年我国加入 WTO 后资本项目逐渐放开，从"宽进严出"模式转向"均衡管理"模式。随着国内资本市场不断发展，金融资本的流入明显增加，根据前文的分析可以发现，外国来华证券投资自 2013 年第四季度之后增加较为显著，其在国际投资头寸表中负债中所占的份额不断提高，这一现象反映出了更多境外投资者愿意选择持有人民币资产。次贷危机的发生导致了欧美资本市场长期处于低迷状态，而中国资本市场发展态势较好，刺激了境外投资者增加对人民币产品的购买欲望，纷纷将目光转向中国的资本市场，加上中国不断地丰富了投资的金融产品种类，拓宽了来华投资的渠道。如 2014 年 11 月 17 日开通的沪港通，截至 2018 年 3 月 30 日沪港通交易总金额已达 7.8 万亿元人民币，沪港通不仅有利于加强两地资本市场联系，还积极地推动了资本市场双向开放，促进了两地经济的共同发展。我国于 2016 年 12 月 5 日又开通了深港通，在投资的标的范围、标的数量、投资额度、投资门槛上都进行了优化和完善，更加有利于境外投资者进行投资。

过去境外投资者来华投资主要以个人资本为主，近些年来国外官方资本比例有所提升，2015 年 7 月 14 日发布的《中国人民银行关于境外央行、国际金融组织、主权财富基金运用人民币投资银行间市场有关事宜的通知》中指出，大幅放开境外央行、国际金融组织、主权财富基金等机构在银行间市场的投资额度限制和投资范围，将审核制改为备案制。2016 年 7 月 5 日，中国银行在境外发行了 30 亿元等值美元的绿色债券，获得国际投资者积极认购。自中国加入特别提款权之后，国外官方资本的流入占比大幅度地提升，离岸人民币市场进一步拓展，人民币国际合作不断深化，显示出了中国资本市场的实力不断提升。

在我国国际收支呈现"双顺差"的阶段，针对大规模的外来私人资本流入，为了保持币值稳定，央行采取了有管理的浮动汇率制度加以应对，央行的对冲使得外汇储备余额不断上升，基础性的货币往往通过外汇占款的方式进行投放，外汇储备资产增加明显。而以储备资产形式存在的官方资本流出，形成了中国资本流出的主体，但官方资本在海外投资时，缺乏有效的投资渠道，日债的收益率过低，而欧洲国家又由于主权债务问题，导致欧债的收益不稳定。中国自 2000 年以后大量的官方储备被用于购买美国国债，来预防人民币大幅贬值，且规模继续保持扩大趋势，到 2009 年已经成为持有美债的第一大国。随着中国实施了"走出去"和"一带一路"建设，官方资本的输出方向逐渐从发达国家转向了发展中国家。2014 年年底成立的"丝路基金"和 2015 年年底成立的"亚投行"，为"一带一路"共建国家的基础设施建设和互联互通建设提供了融资担保，降低了全球贸易与生产要素自由流动阻碍，带动共建国家的经济增长。而人民币国际化需要建立国际信用，对外直接投资的增长则推动了这一进程，有效促进了人民币"走出去"，为人民币资产的国际流动提供了路径，提升了中国在国际能源与资本市场的议价和定价能力。

三、跨境资本的流动情况与新兴市场国家呈现出相似性

2000～2013 年，大量的跨境资本涌入新兴市场国家，在 2008 年全球性

的金融危机爆发之前，由于发达国家采取宽松的货币政策致使利率偏低，而新兴市场经济发展态势良好，无疑加剧了资本转向新兴市场国家的速度，大量资本流入新兴市场国家。受到 2008 年金融危机的波及，之前流入的国际资本曾一度出现中止，但新兴市场国家主动采取相应的政策来维持增长高位，也得以在危机之后，仍保持大批的资本流入。2014 年之后，随着美国国内经济政策和货币政策的调整，加上新兴市场国家进行的结构性改革，出现了国际资本大量从新兴市场国家撤出的现象，这直接导致了这些国家金融市场的巨大波动。2016 年，新兴市场国家出现了国际资本的短暂回流，但数量很少；2017 年，随着新兴市场国家经济增长速度的减弱，以及美国加息步伐的放缓，国际资本开始重新流回新兴市场国家，2017 年的流入量曾一度达到了几年内的最高水平，为 2350 亿美元。但 2018 年 9 月之后，很多新兴市场经济体又陷入了国际资本流动的瓶颈期，一些国家的资本市场接连出现国际资本大批量撤资的现象①。

我国作为亚洲新兴市场国家中至关重要的一员，跨境资本流动与新兴市场国家的整体流动具有相似性，2000～2013 年，跨境资本不断地输入我国境内，我国外汇储备存量也不断地增长。而 2014 年我国资本与金融账户却发生了变化，发生了顺逆差交替出现的情况，跨境资本大量的流出，而外汇储备也自 2014 年第三季度起开始减少，且减幅不断增加。2015～2016 年，我国资本流动仍保持持续性地净流出；2017 年，受到我国货币政策调整，以及美元走弱的影响，国际资本的流向发生了调整，呈现净流入的态势；2018 年虽然部分新兴市场国家金融出现动荡，但我国外汇市场运转尚且正常，跨境资本流动大体维持平稳态势。

---

① 资料来源：国际金融协会 2018 年 1 月 8 日发布的报告。

四、我国短期跨境资本流动的波动性显著增大

我国短期跨境资本流动的波动性主要反映在证券投资、其他投资的变动上，图 4-2 反映的是我国 2010 年第一季度至 2020 年第三季度证券投资的变动情况，其中证券投资资产项下在 2015 年以前证券投资资产项下的变动较为稳定，2015 年 4 月份以后其波动性明显加大，且有持续发展趋势。证券投资负债项下在 2014 年第三季度之后出现较大幅度的波动，同样也出现持续性较大波动的趋势。而根据我国证券投资整体波动来看，与证券投资的资产项下和负债项下波动情况类似，前期保持较稳定的波动状态，2015 年以后波动较为剧烈。正因为中国证券市场的波动性较大，为了转移风险，我国国内资本出现大量向外流出的态势，2015 年我国证券投资整体呈现净流出的状态，即使到了 2016 年，前三季度整体上仍然是在持续净流出。而自人民币加入特别提款权之后，境外投资者对中国市场持有乐观预期，有大量的资本涌入中国，境外投资者对我的证券投资规模也大幅度地增加。

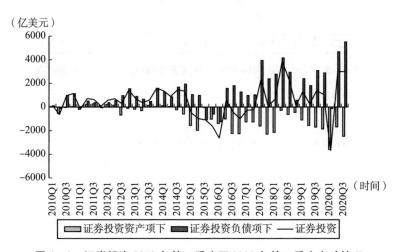

图 4-2 证券投资 2010 年第一季度至 2020 年第三季度变动情况

资料来源：国家外汇管理局。

　　图 4 - 3 表现了 2010 ~ 2020 年，国际资本中其他投资在我国的流入和流出变动情况。具体来看，2010 年第一季度到 2020 年第三季度展现出持续强烈波动的状态，而根据其他投资的负债项下和其他投资整体来看，具有同样的波动情况。2015 年出现了逆差显著上升的现象，且波动较大，这对资本和金融项目都产生了重大冲击，极易导致资本与金融项目不稳定，加剧我国短期跨境资本的变化。

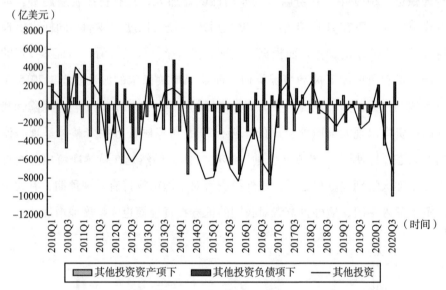

图 4 - 3　其他投资 2010 年第一季度至 2020 年第三季度变动情况

资料来源：国家外汇管理局。

五、流出风险不断提升且呈现出短期化

　　自 2018 年第三季度开始，金融账户从顺差转为逆差，逆差的规模也不断扩大，我国资本外流的风险一直增强，一方面是受境内外债券利差持续收窄的影响，另一方面来自中美贸易摩擦不断升级的影响。境外投资者较大幅度地减少了对我国国内证券的投资，加上国内经济下行压力的冲击，我国

证券市场对海外投资者的吸引力明显减弱，出现了跨境资本大量流出我国的趋势。从国际收支平衡表来看，我国净误差与遗漏规模呈现出扩大的苗头，2018 年第四季度我国净误差与遗漏达 -507 亿美元，较大规模的净误差与遗漏，表明存在着大量的跨境资本流出。与此同时，外部环境的变化也会对资本流出造成较大冲击，2018 年 3 月以来，贸易摩擦的不断升级，导致我国国内市场情绪波动，市场纷纷看空人民币汇率，使得短期内我国资本大量流出的风险不断提升。而全球经济增速的放缓，使得跨境投资者选择从新兴发展中国家撤出资金，转向选择更为安全的地区投资，中国不可避免地受到一定冲击，也在某种程度上引发了跨境资本的外流。

新兴经济体整个社会的经济和金融制度发展并不完善，因此，相对于发达经济体而言，遭受短期跨境资本流动带来的冲击可能性更高。近几年来，我国金融市场不断地加大对外开放的力度，2019 年 7 月 20 日，国务院金融稳定发展委员会办公室对外宣布，为贯彻落实党中央、国务院关于进一步扩大对外开放的决策部署，在深入研究评估的基础上，推出 11 条金融业对外开放措施（简称"国 11 条"），这标志着金融市场的开放达到了一个新的水平（刘燕、王秋豪，2020）。金融市场的开放势必会引致大量的跨境资本流入，然而由于我国金融市场存在规模相对较小、发展不均衡等问题，大多流入的资本都呈现出较强的短期性特点。由于境外的投资者较难通过在境内多元化的投资而分散风险。当金融市场遭受外部冲击的时候，境外投资者为了能及时地规避风险，会选择从境内撤离资本，大规模的集体撤资行为势必在很大程度上助推金融市场的波动趋势。

第二节　影响我国跨境资本流出的因素

综合国际收支季度数据和银行跨境收付月度数据两个维度的数据，我们可以发现尽管我国跨境资本流出的压力有所缓解，但总体上依然存在较大规模的资本流出，其背后的主导因素可能有以下几个方面：

一、中国"走出去"战略加快，对外投资不断发展

1. 对外直接投资的发展对跨境资本流出产生影响

改革开放之后的很长一段时期，对外直接投资一直都是我国企业向海外输出资本的首选方式，且投资额不断增长。2015年是里程碑式的一年，在这一年，我国的对外直接投资上升到了一个新的水平，实现1456.7亿美元，首次超过国内引资的程度，这标志着我国开始进入了资本净输出阶段，首次成为资本净输出国，投资流量跃居继美国之后全球第二的水平。

在此之后，我国的海外投资增长势头，便一发不可收拾，2016年我国对外投资流量，仍保持全球第二的水平，虽然2017年我国对外直接投资流第一次与上年相比出现了下降，但仍处于较高的水平，在全球主要投资国家中排在前列。长期以来，我国对外投资规模始终保持平稳增长的状态，这和国家的鼓励政策和措施是分不开的，国家多方面给予企业支持和帮助，协助企业开辟海外市场，帮助企业有效地运用"两个市场、两种资源"。

近年来，由于国内投资收益的下降，越来越多的境内企业选择到海外投资，主动寻求海外市场来谋求发展新空间。特别是，随着"一带一路"建设的实施，中国对外投资企业的数量更是在短短几年内剧增，投融资平台建设也取得了明显的进展。在政策的鼓励下，我国企业掀起了对"一带一路"共建国家投资的热潮，开辟了我国企业海外投资的新天地，也成为我国向海外输出资本新的渠道。

然而，中国现有的对外直接投资中可能包含着大量的资本外流，并不是真正意义上的对外投资。很多外流的资本都是打着海外投资的名义，行转移

资本之实。尤其是近年来这种转移资本类的"伪投资"越来越多，这引发了政府的关注。而事实上，即使是真正的海外投资，收益率并不高，也有很大一部分的外商直接投资是以亏损告终的。这很大程度上是由于国际市场竞争的激烈，加之国内企业对境外法规、政策等缺乏了解，投资过程中难免遭遇各种阻碍。西方很多国家"投资保护主义"的重新兴起阻碍了国内企业走向海外的步伐，采用种种手段对我国企业的海外投资进行审查、盘问，乃至强行征收，最后投出去的钱全部打了水漂。

2. 对外证券投资的发展对跨境资本流出产生影响

按照央行关于对外证券投资的相关定义，对外证券投资是指包括股票、中长期债券和货币市场工具等形式的投资。证券投资资产是指我国居民持有的非居民发行的股票、债券、货币市场工具、衍生金融工具等有价证券。近年来，随着我国证券市场发展程度的持续提高，以及国际化趋势的日益增强，我国居民海外证券投资的热情也不断高涨，且呈现跨境资本流出的趋势（郭丽，2008）。按照国家外汇管理局提供的有关数据来看，伴随着我国合格境内投资者制度的正式开启，我国居民向海外进行证券投资的规模不断增加，在 2006 年达到阶段性高峰 1112. 78 亿美元，投资的形式也呈现多样化，2008 年发端于美国进而波及全世界的金融危机，也使得我国投资者在海外的证券投资量急剧下降，甚至出现了投资回流的现象。总之，在 2015 年之前我国跨境证券投资的流量尚且不大，此后有了一定程度的提升和发展。海外证券投资的发展，一方面丰富了我国居民的海外投资选择，另一方面也有助于提高海外投资的获益。更重要的是，海外证券投资的放开，是我国在人民币国际化的道路上，迈出的重要一步。

"沪港通"的推出，在 2014 年开启了我国居民向境外证券投资的又一扇大门。受此政策的推动，我国证券投资类型的资本流出规模不断提高。2015 年受到港股通启动的影响，加之国内金融市场接连遭逢股灾、打破刚兑等情况的冲击，我国跨境证券投资发生了逆转，居民对外证券投资极速增长，截至 2016 年，已经达到 1034 亿美元的水平。2017 年，国内居民通过各种新型的购买渠道购买境外大量证券类资产，丰富了居民的选择，这导致当年我国对外证券投资流量显著上升，在很大程度上助推了资本流出的势头。2018 年，证监会发布通知，上调了沪股通和深股通的买卖限额，规定从 2018 年 5 月 1 日起将沪股通及深股通每日额度分别调整为 520 亿元，沪港通下的港股通及深港通下的港股通每日额度分别调整为 420 亿元，新的额度相较之前扩大了 4 倍①。这一限制的放松为投资者境外投资提供了诸多的便利，也激发了境内投资者到海外投资的热情。在此之后，居民的海外证券投资迅猛增加，而且增长势头极为显著，已经出现了资本净流出的态势，这不得不引发当局的密切关注。鉴于证券投资的复杂和特殊性，针对这种大规模上升的资本净流出情况，我们有必要及时完善各种法律法规，对其进行有效监管，以防止可能引发的风险。

3. 其他投资的发展对资本流出的影响

2008 年以来，国内房地产市场一片火热，投资与投机性购房需求猛增，对此政府出台了很多政策手段，旨在控制房价的不正常增长，并将房价调整至一个平稳的界限内，但这并不能从根本上解决高房价的问题。一旦这些楼市调控措施消除，房价可能会发生报复性增长，国内房价目前依然居高不下，呈现出虚高的泡沫化态势。随着资本账户进一步放开，人民币汇率的波动已不再局限于朝着某一个单一方向，而是有涨有跌，这使得低风险的套利机会减少。与此同时，在央行降息、降准以及去杠杆的调整下，中国股市在 2015 ~ 2016 年猛涨 90% 之后突然跌落，从图 4 – 4 中可以看出，2015 年第一季度至 2016 年第三季度，我国股票市场波动剧烈。上海交易所公布的有关数据显示，2015 年 6 月 12 日上交综指达到高位，最高点位为 5178 点；此后，我国股市出现多番大面积下降，2015 年 11 月 27 日沪指迅速

---

① 杨梦满. 美联储利率变动对中国资本流出的影响研究 [D]. 北京：中国矿业大学，2020.

走低连续跌破 3600 点、3500 点关口，股市灾难性暴跌造成我国股市泡沫，引发大量的国内资本外流。当时，国内投资的收益率并不高，投资渠道有限，居民的很多存款并不能获得一个可观的回报。对家庭与个人来说，国内银行存款收益长期维持在一个较低的水平，国内债券市场发达，投资于股票市场风险太高，相较之下投资于海外资产无疑意味着多了一种选择，有助于提高国内储蓄的投资收益率①。恰逢国内股市泡沫破裂，很多人意识到国内股票市场潜藏着大量的风险因素，因此国内外投资者纷纷将投资注意力转向海外，以期达到分散风险的目的，导致出现了大量的资本外流。

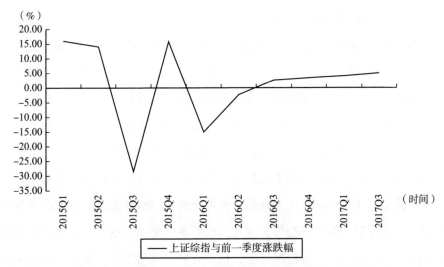

图 4 - 4　2015 年第一季度至 2017 年第三季度上证综指与前一季度相比涨跌幅

资料来源：上海证券交易所。

---

① 王世华，何帆 . 中国的短期国际资本流动：现状、流动途径和影响因素 [J]. 世界经济，2007 (7)：12 - 19.

二、人民币贬值预期，汇率波动加剧

根据蒙代尔（Mundell，1963）的研究，汇率和利率的调整会直接造成国际资本的跨境转移。孙涛、张晓晶（2006）利用1993～2004年的数据，验证了汇率会对资本流动产生重要影响，因而汇率变化的预期能够左右跨境资本流动的方向，这是研究资本流动问题时需要重点关注的因素。

各国的汇率制度有所差异，那么其对跨境资本流动的影响也并不相同。实行固定汇率制度的国家外汇的波动不会致使资本流动出现较大的变动；但对于那些采用浮动汇率安排的国家，往往会出现截然不同的现象，汇率的波动往往伴随着大量的跨境资本的出入。

2005年7月21日，我国对完善人民币汇率形成机制进行改革，我国人民币汇率取消了盯住单一美元固定汇率制度，采取参考一篮子货币来测算人民币多边汇率指数的波动情况，逐渐实行有管理的浮动汇率制度，汇率的波动正以一种日益强大的力量左右着我国跨境资本的流动。

2008年次级房贷危机和2012年的欧洲主权债务危机都曾给人民币带来贬值预期，并触发了国内资本流出的闸口。近年来，美元利率、汇率一直呈现上升苗头，这在一定程度上导致了国内资本转向海外市场，寻求高额投资回报。与此同时，在市场纷纷看空人民币汇率的预期背景下，企业的海外融资风险加大，此时从成本角度考虑，企业会更多地归还外币债务，转而采用人民币借贷的方式，各大企业纷纷这样操作，综合起来，就会导致全社会跨境资金净流出量的增加（曲凤杰、李亮，2015）。国家若是想要维持较为稳定的汇率需要采取相应的措施，如：动用一定的外汇储备来购买人民币；灵活地运用国内各种宏观经济手段；进行一定的资本管制。管涛曾表示，当出现跨境资本流动时，至少要采取汇率浮动、动用外汇储备和资本管制其中一种措施。从2015年汇改后，人民币大幅度降低汇率水平，在一定程度上激起了市场的悲观情绪，但此轮汇改实际上是央行放弃管理汇率中间价，主动释放贬值压力的一次积极尝试（肖立晟、张明，2016）。但即使如此，还是引发了投资者的担忧，市场悲观情绪蔓延，纷纷预测人民币会继续大幅贬值，这导致了汇改后大量国际资本持续流出。而这种悲观预期一旦形成，很容易与汇率贬值造成恶性循环，即资本流出加速汇率贬值，而汇率贬值又进一步引发资本流出。

2015 年汇改后，市场看空人民币汇率，使得资本流出幅度同步增加。这种现象引发了货币当局的担忧，央行及时出手进行干预，稳定市场信心，在外汇市场投放外汇储备，这造成了当月外汇储备明显下降。这一状况一直持续到 2016 年，市场上仍存在看空人民币的心理预期，投资者纷纷赌人民币会进一步贬值，资本仍在不断流出（姬敏、杨芳芳，2016）。随着央行不断地干预，市场情绪有所稳定，居民、企业对汇率波动的恐惧情绪减弱，外汇储备波动较为稳定。到了 2018 年，情况出现了新的调整，人民币贬值的压力有所缓解，虽然市场汇率预期得到稳定，但因缺乏中间汇率的管理和资本、价格管制，外汇市场的出清较为困难，一篮子汇率出现极易贬值的现象，而账面上虽并未显示大量资本流出，但大量隐蔽性极强的资本在悄悄地流出。中国央行所做出的努力虽然在一定程度上稳定了人民币贬值的跌势，但没有从根本上消除贬值预期，只是尽量维持了市场的信心。如此一来，能够在一定程度上消减资本外逃的势头。

进入 2019 年以来，人民币汇率经历了先升后贬的过程。2019 年 1～4 月，人民币汇率波动相对较为稳定，但随着中美贸易争端不断升级，中美之间的经贸磋商进程遭受严重挫折，市场的不稳定情绪再次出现，也导致了人民币汇率再次下降。2019 年 6 月，人民币汇率出现小幅回升。随着中美贸易谈判取得可观的进展，两国领导同意进一步磋商，人民币汇率再次实现一定上涨。然而，到了同年 9 月，随着美国单方面加征关税，贸易冲击再次升级，中美就贸易摩擦问题进行谈判的进程又遭遇挫折，人民币汇率再次遭受打击，大幅下降。中国人民银行行长易纲在接受采访时表示，关于对人民币汇率的预期，倘若国内经济相对稳定，中美之间的贸易摩擦问题能够得到缓解，而美元指数走弱，在这种情况下，基本面能够使人民币汇率保持相对稳定状态。倘若市场对政府充满信心，相信政府有能力稳定汇率，则人民币汇率不会受到较大的市场冲击。目前国内经济增长相对稳定，但国际局势并不稳定，反全球化浪潮在加剧，而一些地区还存在战争和政治冲突等问题，这些都会导致国际资本寻求避险的港湾，这些因素有助于维持人民币的币值稳定。但是，倘若国内经济下行压力增加，美元指数走强，中美之间贸易摩擦问题升级，就需要政府保持政策的定力。因而，人民币汇率非常有可能会维持震荡走势，陷入不确定的波动状态，至于人民币未来是升值还是贬值更多的还是由经济基本面所决定的，汇率波动则是很大程度上受到市场情绪的影响。

三、国内经济发展促进跨境资本的流出

1. 国内经济运行进入新常态

2008 年国际金融危机的冲击，对世界各国的经济造成了巨大的影响。危机过后，部分国家迅速从危机中得到了恢复，但仍有一些国家由于危机的影响，至今未能恢复，经济陷入了发展的陷阱。比较典型的就是 2011 ~ 2015 年，在危机的冲击下，由于外部需求萎缩，很多新兴经济体经济呈现出持续下滑的趋势；2016 年以后，尽管新兴市场经济体的经济增长出现了一定程度的回升，但经济结构还是存在很大问题，经济发展模式也需要进行深度调整。

与此同时，为了从危机中恢复，美国的货币政策发生了很大变化，多次实行宽松性的政策，向全球市场注入巨额流动性，这导致了大量资金直接涌入发展中国家，这些资金推动了发展中国家本币的升值，降低了这些国家产

品在国际市场的竞争力，对出口造成了巨大阻碍，延缓了经济复苏的步伐。

中国进入经济发展的新常态，增速阶段性回落，我国 GDP 增速由 2010 年的 10.6% 降至 2016 年的 6.7%，为近 10 年以来最低值，但从经济发展整体来看，第三产业的比重在 2010～2016 年连续 6 年时间里，持续呈现上升趋势（杨国中，2017）。但由于我国经济增长动力不足，过度投资导致产能过剩等问题仍存在，中国经济相对美国经济下行压力较大，不确定性问题还很多，使国际投资者将目光重新投向美国等发达国家，为资本寻求相对安全的避险港湾，规避可能存在的风险，此番操作，必将促进我国跨境资本的大量流出（姚新超、昝丙艳，2017）。

2. 中国的资本市场改革

资本账户开放是国际资本实现跨境流动的先决条件，因此，对于国际资本流动问题的研究，首先要从对资本账户开放的探讨开始。2000 年以后，我国逐步放开了对资本账户的限制，中国的国际投资总额呈现大幅度的增长。2003 年 10 月国家出台新的政策和文件，大力支持优势企业走出国门。自 2006 年年中，国家从外汇管理角度，进一步放松了对境外投资的管制，同时在相关风险审查和投资利润汇回、保证金制度等多个方面，对境外投资给予了相关优惠（叶伟春，2010）。2002 年合格境外投资者制度实施之后，更是极大方便了境外投资者在国内进行投资，而这部分投资又主要是具有高流动性和波动性的类型，极易受到经济形势影响而发生转向，主要以股票、债券和证券投资为主，这些投资都是引发跨境资本流出的重点类型（李婧、吴远远，2017）。2006 年合格境内投资者制度的推出对金融市场的开放和对外投资国际化意义重大。

2014 年以后，在新的国内外经济背景下，国内居民和企业的投资选择发生了变化，更多的本土机构选择去海外投资（李婧、吴远远，2017），而且获批了相应的投资额度，相比 2009 年年底 69 家获批总额度 650.3 亿美元有明显的提升。2017 年，我国主动采取了多种金融市场开放措施，我国资本开放的程度进一步提升，在这个过程中，资本在国际的流动更为便捷，管制的放松也导致我国大量跨境资本从我国流出。

四、美联储加息影响我国资本流出

很多学者的研究都发现了，美联储的货币政策会影响到我国的跨境资本流动。马科维亚克（Mackowiak，2006）的研究表明，美国实施的量化宽松货币政策会对世界其他国家造成影响，例如这种宽松政策会对包括中国在内的其他新兴市场国家产生较大的抑制作用。陈卫东、王加强（2016）认为美联储的加息，会一定程度地提高我国美元债务利息，而中国和美国利率差额的收窄可能引发我国跨境资本的大量流出。

自 1982 年以来，美联储先后实施了多轮提升利息的政策（杨梦满等，2019）。每次加息的背景都是美国经济处于通货膨胀预期较高的时期，美联储希望通过加息的措施来维持较为稳定的物价水平，使得美国经济实现平稳增长。2000 年前美联储共实施了四轮加息，而我国的国际收支表现为较小的顺差且差额比较稳定，说明美联储利息的调整对我国国际资本的流动影响有限。2004～2006 年美联储又启动了一轮加息，加息幅度 1%～5.25%，加息次数达 17 次，比之前四次单次加息次数都多，此次加息的主要原因是美国出现房地产市场泡沫，且引发了美国国内较高的通货膨胀，这一轮加息中，我国储备资产出现较大幅度的增长，国际收支出现了"双顺差"的局面，我国跨境资本呈现出资本流入态势。在美国进行量宽政策后美国出现了经济复苏，通货抬头的现象，2015 年至今美国开展了新的一轮加息，此次加息的幅度为 0.25%～1.75%，此次经过了 6 轮的加息，该轮我国出现跨境资本大量流出的现象，表现为外汇储备急剧下降，资本及金融账户逆差较大。

美联储的加息主要通过利率来影响我国的资本流动，2015 年新开启的一轮加息使得美国和中国之间的利率差额进一步减少，跨境资本的流动往往需要付出一定的交易费用，而国际资本流入我国的成本提升，导致资本流动自 2015 年之后由净流入转为净流出，跨境资本出现大量外流的现象。而后，美国的多次加息更是缩小中国和美国的利率差额，曾一度出现逆转趋势，对我国跨境资本流动产生更大的刺激。

美联储方面利息的提升，会通过对汇率的影响，来间接地影响国内外投资者的选择，进而影响我国的跨境资本流动。美联储的加息使得美元在世界范围内的供给下降，根据经济学基本的供求原理，这会拉升美元的价格。美元作为一种货币资产，其价格的上升就表现为汇率的上涨，即美元升值。此时，会有更多的投资者倾向于选择具有保值和增值价值的美元，人民币变得不再那么受欢迎，同样地，企业往往会选择提前偿还以美元支付的外债，这些操作都会在不同程度上加大我国跨境资本短期流出规模。

美联储的加息还通过经济增长来影响我国跨境资本的流出，我国经济增长形势较好时反映我国市场有较大的投资空间，境外投资者往往持有较为乐观的态度，看好我国国内的市场，即使美联储的加息会带来负面影响，但经济的增长强势劲头可以抵消负面影响，因而在第 5 轮加息中，我国的资本流动呈现出净流入的现象。在美联储第 6 轮加息时，我国国内的经济增长速度逐渐减缓，至 2015 年年底我国 GDP 的增长速度低于 7%，投资者纷纷选择将资本撤离中国，因而我国跨境资本出现净流出现象。

五、"隐性外债"和"资本外逃"风险的存在

1. "隐性外债"的存在对我国跨境资本流出产生影响

近年来有大量境外的资本涌入国内，但这些资本大多是"隐性外债"，它们不受相关机构的监管，隐蔽性极强，通过投资达到追逐巨大利润的目的。我国隐性外债这几年来呈现持续增长趋势，且隐性外债存在方式也具有

多样性，有的以预收货款方式流入，用来套利的资金形成了隐性外债，如果被监管部门发现，则会以退款的方式迅速撤离至境外，造成国内资本的大量流出；有的以境外投资者境内投资留存收益方式存在，企业中未分配的利润可以转为应付给境外投资商的利润，这些利润可以暂时留存在境内，具有极强的隐蔽性，当投资环境发生变化时会集中汇出境外，出现大量跨境资本流出，而且资本通过这种渠道汇出，可以达到合理避税的目的；有的则以非居民项下的人民币、外汇存款方式流入，随着来华工作外籍人员剧增，外籍工作者持有的人民币及外汇存款显著增加，当这些人离开境内时，势必会有大量的人民币转换为外币流出境内，造成资本大量的外流。

而"隐性外债"隐蔽性极强不易被监测，主要是我国对"非居民"账户的识别较为困难，"非居民"往往拥有多重身份，而银行只是对"非居民"所提供的身份证明来验证其身份，加上"非居民"账户本身鉴定就较为困难。我国国内在对"隐性外债"监测上缺乏较为全面的统计监测体系。当"隐性外债"达到一定规模后会增加外债风险，干扰国内金融市场的运行，影响国际收支平衡。而当"隐性外债"大量地撤离境内时，极易引发资本外逃，会给国内资本市场带来灾难性的波动，因而国家相关部门应高度关注"隐性外债"，并通过对相关政策的完善、增加数据统计的精确度等方式加强对其监管，全面梳理"隐性外债"的存量信息，国家也应加大惩处力度，大力打击非法的资本外流现象。同时我国仍需要加快经济转型，努力提升我国投资的边际收益率，否则，长期下来我国将难以应对跨境资本大量外流现象，也更难清除不断累积的负债投资冲动。

2. 资本外逃的风险会影响我国跨境资本流出

美国经济学家金德尔伯格（1937）认为资本外逃是投资者出于谨慎角度的考虑，将一些有可能陷入风险中的资本转移出境，这是一种自发性地保证资本安全的资本管理方案。

经济合作与发展组织（OECD）有相关研究发现，自 1989 年开始，我

国外逃资本的数量增长迅速，在前 6 年的时间里，这一规模疑似超过 1000
亿美元，在 1995 年之后年均外逃的规模也都不止是 200 亿美元。国际收支
平衡表"净误差与遗漏"项下的数据变动可以一定程度上反映我国资本外
逃规模变动。根据图 4 - 5，2015 年是一个分界点，在此之前外逃的规模还
比较小，但此后则出现了大批量的资本外逃。2015 年之后资本外逃的风险
虽减少，其后又出现大规模资本外逃的趋势。

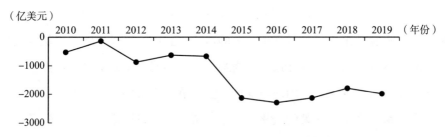

图 4 - 5　2010 ~ 2019 年净误差与遗漏变动情况

资料来源：国家外汇管理局。

自改革开放以来，我国经济发展态势较好，需要大量引入资本，我国
政府给予境外企业一系列的政策优待，而这些政策对待境内企业却有完全
不同的规定。在 2008 年以前，境内外企业差别征税的方法，使得对境内
企业的征税远远高于境外企业，因此出现了大量过渡性资本外逃，通过将
大量资本转移至境外再回转至国内达到合理避税的目的。自 2008 年初起
开始实行的新税法对内外资企业实行了一样的税率，因合理避税而引发的过
渡性资本外逃速度有所放缓。但由于我国对境外企业在出资、土地等方面的
优待依然存在，所以我国过渡性的资本外逃仍占有一定的比例。这些过渡性
的资本外逃往往具有较强的隐蔽性，一般很难被察觉，我们无法通过国际收
支平衡表来确定过渡性资本外逃的数额和来源，这会给我国经济带来许多负
面的影响。

资本外逃的存在引发我国大量资本流出现象，卡恩费尔特等（Karnfelt et al.）在 2018 年发布研究报告，指出中国当下经历着大规模的资本外逃①。大量的资本流出会降低国家征税基础，致使政府的收入减少，较大规模的资本外逃往往呈现出资本在短期内迅速流出境内，可能会诱发系统性风险。按照"三元悖论"的解释，在外汇管制的基础上，加之货币政策又是我国维持国内经济稳定发展的主要工具，我国不可能放弃货币的独立，所以我国只能通过对资本流动进行控制，否则会对国内经济发展产生不利的影响。虽然自 2015 年以来我国一直采取较为严格的监管政策和手段来防范资本外流，但仍不可避免地出现了大量资本流失的风险。我国可以通过将汇率保持在相对稳定的区间来阻止资本外逃，因为当人民币出现大幅贬值时，可能会引发大量资本外逃的现象。我国还需要进一步发展资本市场，境外投资者一般为了获利，会根据国家政策的变化来调整投资结构，我国应努力为投资者提供更加便利的投资环境。健康的市场对控制资本外逃的发生也有重要意义，因而我国应对市场做出积极的引导，一定程度上可以降低资本外逃的风险。另外，人民币国际化建设进程进一步加速，也可以较为有效地降低资本外逃的风险。

国家外汇管理局最新公布的相关数据显示，2019 年 1～6 月净误差与遗漏项净流出规模明显增长，远超 2018 年同期净误差与遗漏项净流出额，这可能与人民币的贬值预期相关，也可能是由于金融市场的投资者规避风险的态度有所提升。由于中美之间贸易摩擦问题的反复及升级、英国脱欧延期等影响，2019 年全球经济到处充满着不确定性，各国的政策也在不断变化和调整，存在着各种可能性，这无疑加剧了全球经济的风险，可能会加速非正常的资本外流。2019 年 10 月 20 日在美国华盛顿举办的 2019 年世界银行和国际货币基金组织年会期间，国际货币基金组织发布报告指出，全球经济增

---

① 卡恩费尔特，吴宏洛，赖海榕，杨晶. 中国正面临 2015 年以来第二次资本外逃风险 [J]. 国外社会科学，2018，329（5）：156-158.

长速度已经下降，已降低至十年来的最低水平。该报告还指出，随着国际经济和政治局势的日渐紧张，全球贸易体系和物流体系都受到了很大冲击，也导致国家之间的合作充满了各种不确定性，这些对非正常资本流出也会产生一定的影响。

第五章

国际资本流出冲击银行
体系风险的理论分析

经济金融全球化的推进，使得国际范围内的经济和金融联系更近紧密，也使得危机的传播速度在提升，传播的范围也不断加大，程度在增强（许传华、孙玲，2012）。例如，不管是世界上哪一个国家发生了危机，只要其他国家与其存在着经济和金融往来，都会由于流动性危机的传导效应造成后者的金融市场紧张，引发后者大规模的资本抽逃行为。同时，当一国出现危机时，在此国保有投资头寸的投资者通常会采取措施减少风险，卖出那些收益率与危机国资产相关的资产，导致相关国家的资本外逃（许传华，2012）。

根据市场运作法则，商业银行要依靠资本在市场上存活并参与竞争。区别于普通的工商性质企业，商业银行最大的优势是可以借助于客户的存款和从市场上借来的款项充当自己的运转资本。然而，这一经营模式也使得商业银行具有很大的固有风险（陈四清，2006）。让·梯若尔（2003）发现，很多金融危机在发生之前都会爆出银行体系脆弱的问题。所以一旦发生资本流出，商业银行的风险防范问题就应当引起当局的极度重视。为了有效查找风险的来源，明确风险生成和传导机理，预防和减弱风险积累，本部分从理论上分析不同类型资本流出对银行体系的影响，以期对资本流出冲击银行风险的作用机制有一个完整性的认识（见图5－1），主要有：①债权形式短期资本流出后的信用收缩引发银行无法履行到期债务的流动性风险；②证券投资流出后资产价格下跌和实体投资收益下降引发借款人大面积违约的信用风险；③资本流出后利率和汇率波动，冲击银行表内和表外业务，引发银行损失的市场风险；④风险累积后扩散到整个银行系统，进一步激发了投资者的恐慌情绪，最终引发整个银行业乃至金融体系的系统性风险。

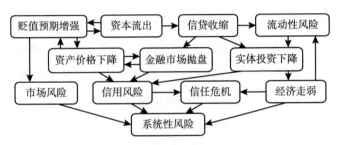

图5－1　资本流出冲击银行风险的作用机制

　　在国际流动的国际资本中有一部分是国际游资，这部分资本不以投资为目的，单纯是为了攫取高额利润。这类资本特别不稳定性，冲击和破坏力很大，极易给一国经济造成混乱（谭小芬、梁雅慧，2019）。很多学者的研究都指出国际游资的流动会给一国的金融体系造成冲击。例如，范恒森、李连三（2001）指出，游资不仅会造成一国经济的波动，而且会通过金融市场中的投机运作把危机传给其他国家。在历史上的很多次经济和金融危机前夕或者早期，都有国际游资活跃的身影，如20世纪30年代资本主义世界的大萧条时期，以及60～70年代的国际货币体系危机期间，国际游资都曾频繁活动于各国的金融和外汇市场，通过各种投机和对冲交易来赚取大量利润，这些操作加剧了国际金融市场的动荡。国际游资选择攻击某个国家，一方面是由于该国利率（汇率）和其他国家利率（汇率）差额的存在，另一方面是由于该国的资产价格存在虚高的嫌疑，即可能存在价格泡沫（徐玎，2010）。2003～2007 年，人民币的持续升值，特别是 2005 年汇改之后，市场上普遍看涨人民币，这种乐观预期，吸引了大量跨境资本。随着 2008 年金融危机的出现，欧美开始救市，2008 年末到 2009 年初期，外资撤回；但随后，2009～2015 年我国经济率先从危机中复苏又使得大量跨境资本回流。2015 年底和 2016 年底美联储先后两轮提高利率，使得境内投资者开始加大对外资产保有量，同时归还对外欠款，特别是 2016 年以后，随着中国经济步入新常态轨道，市场上普遍存在着看空人民币汇率的心理预期，加之中国经济面的影响和中长期的结构性因素，国际资本又开始呈现流出的势头。这种国际游资的不断进出，将通过银行的表内、表外业务等多种途径对一国的银行体系产生冲击。一方面，国际资本的频繁进出会冲击汇率、利率的稳定，同时很多宏观经济因素也会发生相应调整和变化，这些要素的变动会直接影响银行的资产价格和负债的市场价值；另一方面，资产价格或其他宏观经济变量的巨大波动也会导致居民和企业债务、收入的明显变化，这也会间接影响银行等金融机构的信用风险。

第一节 信用风险

商业银行在经营过程中，会将自有资金或者是客户存款向外放贷，通过赚取利率差额的方式维持运营。然而，这些借款人常常会由于各种原因而无法归还欠款，这将导致商业银行遭遇损失，这被称作商业银行的信用风险。

由于中国的金融市场发展程度并不高，服务并不完善，间接融资一直是金融市场上主要的融资模式，中国银行业一直以贷款规模的扩展作为实现自身发展的主要途径，经营模式也主要是以吸收广大客户的存款，壮大自有资金，而后再向外发放贷款，从中赚取利率差额的形式来维持运营。近年来，商业银行的资产结构中，中长期贷款的比例日渐增加，短期贷款不断减少，中国人民银行公布的数据显示，2010年1月，中长期贷款在各项贷款中所占比重为57.29%；到2018年11月，这一指标已经上升至61.99%。而与此同时，银行的长期存款比例并未出现明显的增加。自2010年以来，定期存款在总存款中的比重始终是在40%左右[1]。商业银行中长期贷款比重的增加和存、贷款期限不匹配的问题会增加商业银行的信用风险。

当跨境资本流动时，商业银行通常在受理跨境人民币业务的情况下，会同时和多方交易主体打交道，这里面既包括境内的企业，也有境外的企业，同时还可能存在一些从事代理业务的银行（张毅、黄卫平，2020），这些交易主体之间的关系盘根错节，常常互相牵制，也可能会出于某些利益考量而互相隐瞒相关信息。因此，这对商业银行提出了很高的挑战，商业银行在进行客户审查和信息收集判断时，需要更强大的网络和能力，以准确判断出各客户的信用评级和资质情况。更重要的是，我国整个信用信息系统发展不成熟，很多信息无法实现同步化传送和管理，大量的环节存在着信息传递滞后的问题，还有些部门对信息的共享存在严格的要求和审查。这使得商业银行在事前审查时，很难获取完整的信息和客户情况资讯。只能在贷款发放之后进行追踪性调查，但这无疑会加大银行自身所承载的信用风险（张毅、黄卫平，2020）。从国际资本流动的类型来看，银行贷款和证券投资两种类型的国际资本流入后的撤出对银行信用风险的冲击最为明显。

一、银行贷款

银行贷款是国际资本流入最常见的一种方式，这种类型的资本流入会造成国内银行在资产负债表环节发生调整，进而使得银行体系的外币资产

---

① 资料来源：中国人民银行2010～2018年金融机构信贷收支统计。

（负债）都出现上涨。加上我国当前采取的强制结售汇制度，这类资本存入以后，商业银行需要向中国人民银行兑换成人民币，这实际上会提升商业银行的本币可贷放资金额度，银行为了把资金投放出去，会以各种优惠的形式降低贷款利率，或者审查贷款时考虑的安全性因素会减少。随着不断扩大贷款范围，优质客户已经被挖掘干净，商业银行再贷款时，客户的选择范围就只能向一些劣质客户扩展，即信用级别较低或者资质较差的客户，这会造成银行的资产负债表不断恶化，增加客户发生违约的可能性，推高了商业银行自身的信用风险（党超，2017）。

如果在这一过程中宏观经济发生了异常波动，情况会更加严重。麦金农（1996）指出，如果宏观经济局势平稳，没有风险的存在，银行业的经营也倾向于保守化运营，往往在赚取利润的过程中会更多地考虑可能存在和由此引发的风险。可一旦发生了汇率波动或者通货膨胀急剧增加的情况，经济社会就会存在大量风险，此时银行反而倾向于选择那些存在高风险的贷款项目，以赚取高额利润。更重要的是，在这种突发情况出现的时候，政府通常会给予银行一些显性和隐性的担保，这样就在一定程度上分散了银行需要承担的风险，会促使银行铤而走险，以收益率为导向，选择风险更高的项目（华晓龙，2009）。卡帝和利伯曼（Carty & Lieberman，1997）的研究发现，债务人的信用评级与其违约概率之间具有很强的相关性（见表5-1）。

表5-1 　　　　　　　　　信用等级与违约概率间的统计关系

信用等级	Aaa	Aa	A	Baa	Ba	B
1年违约概率均值	0.00	0.03	0.01	0.12	1.36	7.27
标准差	0.0	0.1	0.0	0.3	1.3	5.1

资料来源：Carty L V, Lieberman D. Historical default rates of corporate bond issuers，1920 - 1996［R］. 1997.

一旦国内的银行系统内存有的不良资产积攒到一定程度时，当初流入的国际资本就会想要撤出，银行无法及时收回贷款用于偿债，将会引发银行的信用风险，很有可能会引致国内银行的大面积倒闭。当这些资金流出时，信用的收缩一方面会影响商业银行的流动性，引发商业银行的流动性风险。更重要的是，信用的收缩将导致实体经济的投资不断下滑，经济形势走弱，债务人无力偿还借款，银行不良贷款率上升，引发银行的信用风险。为管理信用风险，银行会降低自己对风险的容忍度，提高对企业贷款的要求，提高贷款门槛，从而拉低了贷款的总体规模。贷款规模的降低又会压缩企业的资金来源，束紧企业可供使用的资金预算，经济形势下滑，企业运营陷入困境，进一步恶化银行的信用风险（周永峰，2016）。

目前，我国四大银行中约 10% 的贷款流向了房地产领域，中国建设银行在 2010 年一度超过了 14% 的贷款投向了房地产领域，2015 年之后，在政府政策的导向下，这一比例有所下滑（见图 5-2）。

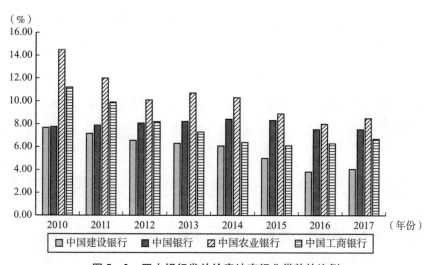

图 5-2　四大银行发放给房地产行业贷款的比例

资料来源：由各银行 2010~2017 年的年度报告整理而得。

银行在房地产市场贷款投放量的增长会推高我国的房地产市场泡沫，世界银行认为比较合理的房价与人均收入比是 4 ~ 6 倍，为房价收入比所设定的警戒线为 5 : 1。我国的房价收入比已经远远超过了这一警戒线。银行在房地产市场贷款投放量的增长会推高我国的房地产市场泡沫。目前，我国的房地产价格虚高，有明显的泡沫化趋势，已经超过了美国在发生次贷危机之前的房价泡沫状态（徐琤，2010）。而一旦国际资本流出，银行信用收缩，之前流入房地产市场的大量资金将会集体撤回，房价泡沫被刺破，价格跌落，当地产开发商亏损甚至破产之后，将无力偿还先前借贷。这种大面积违约将会激化银行的信用风险，甚至在不同银行乃至整个金融体系蔓延和扩散，引发系统性风险，这也正是当初美国次贷危机时的情景。

二、证券投资

当国际资本以证券投资的形式流入国内时会助推经济的虚假繁荣，大量的热钱疯狂地追逐金融产品，使金融资产的价格不断攀升，推动资产泡沫迅速形成和扩大，进而降低整个金融体系乃至整个经济体系的稳定性。严重的是，乐观的经济形势会降低评级机构、监管部门的警惕性，导致它们不再严格关注对信贷质量的审核，任凭银行等金融部门将大笔的货币投放到资本市场、房地产和金融衍生工具市场，这样一来会进一步助长泡沫的生成和扩大。

为保证经济的平稳运行，政府会进行必要的宏观调控，为抑制不断攀升的物价，紧缩性的宏观经济政策将出台，加息成为首选，一旦加息，信贷规模收缩，资金供给减少，前期因过剩资本推高的金融资产价格将会迅速下跌，需要资金的领域无法变现，资产缩水，早先流入的外资也将加速撤离。当市场遭遇到这些负面消息攻击时，投资者会基于上述信号做出远期经济会走弱的判断，从而执行利润最大化的投资方案。投资者之间的投资策略相互影响，会通过"蝴蝶效应"夸大成集体行动。金融市场群体性的大量抛售

（姜建清，2008），终将导致脱离实体经济而高度膨胀的经济泡沫破裂，金融资产价格大幅度缩水，进而引发借款人的大面积违约，银行呆账、坏账增多，触发银行的信用风险。基于信息不对称和逆向选择等方面因素的考量，银行无法甄别负债人的债务归还能力并对其投资选择进行有效监管，这会驱使那些债务人为获取高额回报，而投资于具有高风险的股市和房地产市场，这实际上是提高了银行资产所承担的风险等级（许传华、孙玲，2012）。证券市场瞬息万变，当债务人出现了巨额的亏损，银行将要承担大量欠款不能如期归还的风险。

这一研究也得到了历史的印证，在 1997 年东亚金融危机前夕，跨境资本流入提升了东南亚各国的外汇存量，从而加大了货币市场的流动性。充裕的货币存量使得大笔资本转向高风险的投机性行业，迅速拉升了东南亚各国的金融产品标价。印度尼西亚、菲律宾和马来西亚在 1996 年，股价均升高至有史以来的顶点。国际资本流入激发了这些国家在各领域的超量化投资，出现资产价格虚高，造成银行系统的资产负债表恶化。而一旦这些流入的资金大量撤出，将会直接导致资产价格泡沫的破裂，进而使得银行借款人遭受严重损失，债务人的违约导致银行出现大笔无法如期偿还的借款，催生信用风险。

第二节　市场风险

巴塞尔委员会 1993 年颁布的《市场风险监管措施》给出了市场风险的内涵，将市场风险界定为"可能由于市场价格波动导致银行资产负债表内和表外头寸出现亏损的风险"（巴曙松等，2013）。参照上述界定，市场风险事实上囊括了交易账户中与利率相关的各种工具和股票所牵涉的风险，也包括外汇风险和商品风险。

商业银行的各项业务中可能都隐藏着市场风险的隐患，既包括交易业务，也包括非交易业务。在很长一段时间里，我国的利率水平和汇率水平在政府管制下相对稳定，因此相关的风险问题都并不突出；加上政策上的管制，商业银行并不能真正地涉足股票和一些衍生商品的交易业务（毕永松，2007），因此市场风险并没有得到我国银行业和金融监管部门的充分重视①。

随着我国人民币国际化和利率市场化改革的推进，利率常常会发生意料之外的波动，这会使得银行未来的收益变得不确定，进而引发银行的利率风险。更重要的是，在混业经营的时代背景下，商业银行逐渐突破了传统业务的限制，在存贷款业务之余开始越来越多地接触有价证券、外汇、黄金及衍生品的交易，面临的市场风险种类和规模都将成倍增长。特别是随着金融衍生产品市场的蓬勃发展，商业银行开始渐渐涉足这一领域，市场上充满投机性色彩和杠杆性质的交易使得商业银行被暴露在很高的风险之下（陈德胜等，2009）。

2006年6月，巴塞尔委员会将1996年的《市场风险修正案》和《利率风险管理与监管原则》正式纳入新的监管框架，加强了对银行账户利率风险管理的监督审查和信息披露规定，规定银行出于利率风险考量的情况下，在对交易账户计提资本的同时，要保有与其银行账户承担的利率风险相匹配的资本，从而形成了一个涵盖资产负债表内和表外、银行账户和交易账户的全面市场风险管理体系（白涛，2009）。目前，就我国银行体系而言，某个商业银行违约概率的增加都会提升银行系统面临的风险。尽管我国的商业银行已经初步构建了市场风险的管理框架，但距离股份制改革的规定和银行监

---

① 事实上，国际社会也仅是在20世纪90年代后，面对着金融自由化和全球化，以及融资证券化的冲击，方才意识到银行业面临的市场风险有增大的趋势。1996年1月巴塞尔银行监管委员会针对1988年资本协议未能纳入市场风险因素的缺陷，出台了关于资本协议市场风险补充规定，1997年9月又提出了利率风险管理原则等一系列以市场风险监管为主题的监管文件。

管机构提出的要求仍相距甚远。

大批量的跨境资本流入会导致引资国出现宏观经济过热、汇率急剧升高、信贷过快增长、资产价格虚高等问题的出现，加大了经济系统的脆弱性和风险。在我国当前的汇率制度安排下，国际资本的跨境流动会通过影响利率和汇率水平，对商业银行的市场风险造成冲击。因为面临的是更为复杂且波动性更强的国际市场环境，境外金融产品价格变化的幅度和频率都大大超过境内相关产品。这样一来，当牵涉与人民币跨境业务有关的金融衍生品时，其面临的无论是利率还是汇率风险，都会导致商业银行处于更大的风险暴露程度。

一、资本流入导致汇率升值、利率下降

当前，我国的人民币资本项目尚未实现全面可自由兑换，融资方式仍是间接融资为主的模式，以银行体系为纽带，流入的跨境资本通过银行的传导作用于外汇市场和利率市场。通常来讲，跨境资金的流入会直接提高外汇市场上的货币供给，导致外汇出现供大于求的局面，推动本币升值。很多学者的研究都表明，资本大规模流入会引发国内信贷迅速扩张，这不但会提升国内货币政策执行的困难，而且会导致汇率的大幅震荡，进而影响到该国的汇率稳定。

首先，在美元本位制下，大量的国际资本流入我国，会对我国的人民币升值造成内外双重压力。

从外部来看，在消费拉动型的增长模式下，美国的经常项目逆差连年攀升，不断创下历史新高。从美国当局的角度而言，如果想要彻底削减经常项目逆差，只有两种选择，一是减少美国居民的消费或投资水平[①]，二是拉低

---

① 根据宏观经济学理论，一国的经常项目逆差从根本上而言是由该国国内的储蓄水平低于投资水平造成的。

美元汇率。然而，上述无论哪种情况，都是美国当局所不情愿的。这是因为，美元的大规模贬值将冲击到美元在世界货币体系中的领导地位。从经济可持续发展的角度来讲，如果试图通过贬值来削减美国的经常项目赤字，那么美元汇率下调的幅度要达到30%~40%。一旦真的出现了这种大规模贬值，将对全球资本市场和世界金融秩序产生严重冲击（王硕洁、刘之阳，2008）。在这种情况下，为了解决经常项目连年逆差的问题，美国政府就不断对我国施压，试图通过逼迫自己的贸易伙伴国提高汇率来缓解自己的贸易逆差（何帆、张明，2005）。

根据会计记账表述，国际收支平衡表的贷方表示外汇供给，借方表示外汇需求，从国内的压力来看，如果国际收支连年出现顺差，外汇市场就会出现供大于求的局面，外币的贬值，意味着本国货币的汇率要上涨，而我国实行的是固定汇率制，国际收支的持续顺差将造成本币的升值压力，2005年7月我国的汇率体制改革以及汇改后人民币汇率的走势对此做出了印证。此外，国际收支的持续顺差也加剧了境内外对人民币升值的预期，人们开始不断地抛售美元，买入人民币，大笔投机性的资本涌向国内市场，这进一步加大了人民币汇率上涨的压力。即使有央行的冲销干预，也会造成实际汇率的升值。汇率水平的突然提高会增加商业银行的资产利得。实证分析的结果显示，银行资本充足率与其股票市场的绩效成正相关，在规模越大的商业银行中，这种效应表现得尤为明显。但这种汇率的波动会对商业银行的经营带来风险，通常来讲，汇率的调整会引发商业银行出现资产负债表效应，尤其是当人民币汇率上涨时，商业银行的规模越大时，其背后承担的风险也会相应增大（马理、朱硕，2018）。

其次，在跨境资本大批流入境内的情况下，国内基础货币的供给会相应增加，流动性过剩提高了商业银行面临的资金运营压力，银行手中超额的货币将被投放到货币市场（袁平，2007），信贷增加，进而压低利率水平，资产收益率减少。尤其是当遭受未预期到的投机资本攻击时，利率水平的突然调整将对银行资产和银行收益的市值都造成影响；而此时国际市场上对该国货币的需求会增大，将给货币带来升值压力，在我国当前的汇率制度安排下，央行会买进外汇，抛售人民币，进行冲销干预，维持币值的稳定。如此一来，将会进一步加大人民币的货币供应量，压低利率。这种利率波动的风险会给商业银行带来直接的冲击，因为商业银行手中保有大批量的央行票据和债券，而这些资产的收益率并不高，一旦本币市场利率预期一直下降，会导致流动性陷阱的问题；假设预期未来利率增加，那么先前用较低利率买入的大笔央行票据和债券资产会存在市值下跌的风险。

二、资本流出导致汇率贬值、利率上升

资本流入激增会引发一系列宏观经济问题，包括引资国经济过热、宏观经济脆弱性提升，更重要的是，还常常出现资本流入的突然中断甚至逆转等严重的问题。当一国经济形势表现不好，或者发生了严重的经常项目逆差等问题时，特别容易出现跨境资本流入逆转或者戛然而止的情况（陈得文，2016）。

在其他条件不变的情况下，当资本流入发生逆转时，本国的外汇储备存量会骤然下降，外汇市场面临供不应求的情况，本国汇率会下降。国内现有的资本大量外逃，一定会造成货币汇率下降和资产价格下跌，将进一步导致国内信贷供应紧张，引发经济衰退。相应地，此时商业银行的外汇资产将面临意外损失。一旦发生货币汇率剧烈下降的情况，将会引发通货膨胀，给经济造成灾难性的影响，甚至是酿成金融危机。回顾 20 世纪 90 年代以来出现的几场主要金融风暴，能够总结得出，在固定汇率的制度安排下，如果发生了资本流入的中止或者逆转，导致政府最终放弃维持汇率，并拒绝归还之前的外部欠款，是危机爆发的主要诱因（徐玲，2010）。

利率和汇率水平的调整可能给银行系统的资产面和负债面造成大小不

同的冲击，无论是资产增值还是损失，都会对银行的资产负债表造成冲击，更有甚者，还可能会引发银行资产的期限错配风险、期权风险和信贷风险，等等。银行作为主要外汇市场上的经济主体，同时也向该市场上的其他经济体提供有关的支付服务，银行系统一旦出现金融风险，引发的冲击将不可避免地影响到外汇市场（安刚，1999）。也可以这样认为，银行系统内发生的风险和危机会致使国内储蓄者和国际投资人质疑该国银行体系的稳定性，故而将本币资产兑换为外币资产，这样一来，银行体系的风险将会演变成货币危机。

国际资本的大规模进入会导致非贸易品的价格上涨，提高资本流入国的汇率水平。资本流入后，将在汇率至高点将本币转化成外币赚取汇差后流出，进而引发汇率波动（马理、朱硕，2018）。当资本流出时，货币供应变得紧张，利率会相应上升。此时国际市场对该国货币需求开始减少，央行为了对抗货币的贬值压力，将被迫在外汇市场上进行对冲干预，增加外汇供给，回收本币，这样一来，会进一步压缩本币的供应量，利率水平会进一步上升。

三、资本流动与股票价格波动

理论上来看，一方面，当国际资本大量涌入时，推高国内的证券价格，造成经济虚假繁荣，形成股市泡沫。因为背后存在着政府当局各种或明或暗的担保，炒家对股票市场一致存有乐观的预期，纷纷看涨股市，导致泡沫越吹越大，而此时也没有人愿意泡沫破裂，便不断向市场内增加资本投入，进一步助长泡沫的膨胀，一直将股市泡沫推向破碎的边界。此外，混业经营也使银行为追求利益而参与证券业，然而证券业在获取高额回报率的同时，也存在着很高的风险。银行本身是机构性质的投资方，其过多地渗入进证券市场，将加剧后者的波动，催生了证券市场的泡沫（许传华、孙玲，2012）。

另一方面，当国际游资进入国内股票市场，加大股票市场动荡，使企业产出和收益下降，融资成本增加，最终导致银行资产端的风险上升，加剧银行业的风险（靳玉英、周兵，2013）。

2009 年后，随着中国经济率先从危机中复苏，人民币汇率不断上涨，热钱大批量流入，在 2009 年头 7 个月的时间内，国际游资净流入规模累计为 735.2 亿美元，这些热钱的进入，推动国内股票市场同期上涨 65%（林辉等，2012）。这些游资多以投机形式为主，通过赚取流入、流出过程中的结汇利差而获利，因此流入往往是以最终的流出为目的。2009 年国际游资的大势流入再次滋生了股票市场泡沫，此后的 4 年里，随着外资的撤离，股市泡沫有轻微破裂的迹象。而 2014~2015 年，股票市场的泡沫情况又有所抬头，且 2015 年深交所市场表现得尤为明显，泡沫有严重化的趋势①。在 2014 年 11 月开始的 7 个月时间里，受到券商、银行和保险等金融股的强力拉动，上证综指急速增长了 90%（郭文伟、陈凤玲，2016），然而，随着美联储的两次加息后国际资本的流出，同时由于遭遇了监管方对非法两融业务的整顿，以及下调杠杆率的要求，2015 年 6~9 月，股市发生了深度的调整，到 2016 年股市泡沫开始破裂。相似的情况在其他国家也曾出现过，如 1929 年，美联储宣布提高利率，直接导致道琼斯指数持续暴跌，并酿成了严重的危机。无独有偶，20 世纪 80 年代的日本，发生了相似的场景："广场协议"后，日元汇率持续上涨，引致大批量投机资本源源不断地流入，配合日本货币当局宽松的货币政策，造成了当时日本股票市场连年上涨，单个年份的上涨比例已经超过了 25%。然而，随着上涨空间不断被挤压，泡沫逼近崩溃的边缘，大批量的投机资本选择撤离，股市暴跌，多方吹

---

① 我国股票市场的泡沫存在着明显的结构性问题。从沪深两市主板看，2017 年深市主板 36.2 倍的市盈率明显高于沪市的 19.6 倍，这与沪深两市主板市场上市公司数量及结构差异有关，深市 2000 年 9 月以后为推出创业板停止了主板发行新股，因而与沪市相比，主板上市公司数量少，且上市时间早，上市公司整体质量较差，尤其是市盈率水平低的银行股、保险股等蓝筹股大多数集中在沪市。

起的泡沫最终破裂，日本经济经历了"失去的十年"（赵进文、张敬思，2013）。

随着我国金融风险的不断凸显，中央政府不断提出"维稳"和"防控金融风险"的要求①。2017 年，受中央风险管控和严格监管政策的指引，"稳"是中国股票市场的主基调，相比于国际主要市场股票全面上涨的情况，A 股市场的表现相对逊色。2018 年，受到上市公司债务违约及财务欺诈，以及股市投资者和上市公司股东杠杆资金爆仓的影响，股价持续下跌，估值创历史新低。2019 年，在政策宽松和"宽信用"预期下，市场在经历了 2018 年的大幅调整后出现大幅上涨。

第三节　流动性风险

一、商业银行的流动性风险

作为一个经济金融系统的中介机构，商业银行调节着一国经济金融系统的流动性，又在市场上同时兼具流动性创造者与消耗者两种身份，为流动性总量在部门和期限之间实现有效配置提供中介平台（温博慧等，2019）。此外，商业银行有着先天的劣势，其自带的资产负债期限错配问题，将使其始终会面临由此引发的流动风险，甚至是危机。

狭义上来看，商业银行的流动性风险指的是因缺少充裕的现金来满足客户提取存款的需求而滋生的支付风险；广义上，它还包含因商业银行的资本

---

① 2016 年 12 月，中央经济工作会议强调："稳是主基调，稳是大局。要把防控金融风险放到更加重要的位置，下决心处置一批风险点，着力防控资产泡沫，提高和改进监管能力，确保不发生系统性金融风险。"

来源短缺而无力解决客户合理的信贷需要或其他当下的现金需要而引起的风险。一般来说，假设某个商业银行出现了流动性风险，它或许会丧失很多隐藏的盈利契机，如果流动性风险继续恶化，将会引起公众的挤兑，最终造成银行破产。商业银行流动性风险被称为"商业银行最致命的风险"，具有冲击破坏力大、不确定性高和传染性强的特点（刘精山等，2019）。在现代银行体系中，常常存在着政府或明或暗的担保，即使发生了危机，储户出于对政府的信任也不会去银行提取存款，挤兑的风险往往比较小。所以，相较于取款需求而挤兑引发的风险，此时银行的流动性风险更多发生于对未使用贷款承诺的风险暴露、大额存款的提取和其他短期资金来源的损失（刘础润，2019）。

在商业银行的流动性风险管理中，资产与债务的平衡，以及期限特征的吻合都是至关重要的问题（钱崇秀、宋光辉，2018）。这里面我们主要考虑以短期外债形式流入的国际资本突然撤离时给银行资金来源造成的冲击，及其引发的流动性风险。徐冕、徐婷（2019）指出，如果出现了大规模的跨境资本流入，商业银行将会增大流动性管理的压力。首先，流入的国际资本将直接冲击到银行的资产负债表，增加银行保有的外币资产和负债。根据我国现有规定，此时商业银行需要向央行进行结售汇，这样一来，在加大央行外汇储备的同时，将增加商业银行的可贷资金，即导致商业银行的流动性宽松；相反，一旦这些国际资本流出，将束紧商业银行的预算约束，导致其流动性紧张（徐冕、徐婷，2019）。

二、期限错配引发的流动性风险

资本流出和流入会通过其他客体的购汇、换汇等行为影响商业银行的净外汇资产。资本流入会增强商业银行的资本充足率，商业银行与经济单位（个人、企业等）结汇后再将外汇卖给央行，提升央行外汇储备存量的同时，也增加了市场上的基础货币投放，在货币乘数的作用下货币供给会继续扩大，系统流动性提升。在资本流动性充裕的条件下，资金使用成本降低，加之缺少有效的资金增值和投放平台，商业银行将被迫加大贷款范围和提高贷款量来消化过剩的流动性（徐玠，2008）。银行作为一个资金周转的平台，通过发放贷款的方式满足借贷者的资金需求，同时也要手中也要保有一定的流动性，以应付存款人随时可能出现的取款要求（刘志洋，2018）。随着国际资本的流入，商业银行的流动性将不断增加，因此，其将会不断提升发放贷款的数量，但与此同时，贷款合约中违约行为发生的概率也在上升，这会恶化银行的资产质量状况，进行导致其流动性风险上升（李学彦、李泽文，2019）。

与此同时，国际资本大批量流入，商业银行转而向中央银行进行结售汇，这会给商业银行造成一种流动性错觉，默认其将会有源源不断的资本供应，使其放长了贷款的期限。然而，很多流入的国际资本都是短期游资，存在着随时撤资的风险，商业银行的这种短存长贷的行为造成了期限不匹配的风险。商业银行这种资产负债的期限错配和流动性错配是其流动性风险产生的根本。从银行的角度分析，商业银行在进行融资的时候，往往容易忽视对资产负债期限结构和整体风险水平的综合测评（孙蕾，2017），很多具有热钱性质的投机资本稳定性极差，一旦发生风吹草动，便会大规模撤资。而一旦这些流入的资本发生逆转或者商业银行出现投资失误，就会引发商业银行的资金链断裂，引发流动性风险。关于银行期限、流动性错配与流动性风险的关系最早可以追溯到著名的银行挤兑风险模型，该模型解释了商业银行流动性风险产生的根源，即在流动性转化过程中产生的期限错配和流动性错配。银行的存款端负债主要是短期存款，但资产端主要是长期贷款，期限错配容易导致银行的资金流动出现问题。一旦经济形势发生变化，投资者会感到恐慌，相继从银行提取资金，如果被贷款企业资金周转困难，不能及时还贷，银行贷款资金难以回笼，会面临流动性危机，而这种危机又具有"多米诺骨牌效应"，涉及多家金融机构。这一理论揭示了银行危机的本质是由于流动性错配导致的流动性不足进而引发挤兑的现象。流动性的错配一方面是由于期限错配所致；另一方面，是由资产和负债属性的不同而导致期限能力的不同，因此，期限错配本质上是一种流动性错配。

尤其是以短期债务形式流入的国际资本，极易导致商业银行期限错配的发生，这将对银行体系的稳定埋下巨大隐患。一旦资本流出，将导致银行的信用收缩，在限制银行贷款能力的同时，又使其面临着无法偿还到期债务的流动性风险。例如，墨西哥在 1995 年的危机前夕大规模发行了美元面值的短期政府债券（Tesobonos）；在 1997 年年底，亚洲市场上存有 3800 亿美元的国际银行债务，其中约 60% 的归还期不足一年。很多学者的研究发现，债务比例中短期债务比例过高，将会增加爆发债务危机和流动性危机的概率，而这种危机一旦爆发，又极容易在市场上传播和扩散。也就是说，一旦某个国家出现了因大量借贷而引发的流动性危机，将会酿成借款人对于偿债国的信任危机，这种情绪会迅速在各国际投资者中蔓延，出于资本避险考虑，这些投资者会疾速收回投向世界各地的短期资本，这样一来，其他有着相似借款经历的国家都会不可避免地被殃及。一旦流入的国际借款撤资，将会造成这些借贷国流动性下降，货币供给量降低，银行账上可贷资金减少，循环往复，直至催生银行体系的流动性危机（刘志洋、宋玉颖，2015）。此外，很多国家在危机爆发前都表现出了负债美元化的问题，不仅大规模向国外借款，而且大量的债务（不仅是国外欠款，也包括国内债务）都体现为外币的形式，而当局却很少为此要求借贷者在外汇市场上采取相应的对冲操作以降低汇率风险（李学彦、李泽文，2019）。

与此同时，银行间的多边支付系统又可能通过相互交织的密切关系，将金融风险传递到整个银行系统内部，从而有可能酿成流动性危机。这种效应被 Kaminsky 命名为"共同贷款者效应"（许传华，2012）。

第四节　系统性风险

很多学者的研究发现，大规模的资本流入常常伴随着资本流入的戛然而止甚至是流向逆转（Calvo & Reinhart，1996），而这种突然转向又往往是系统性风险存在的重要征兆。根据三代货币危机理论，短期跨境资本的频繁流动会提升系统性风险爆发的概率（吴成颂、胡寒笑，2020）。克鲁格曼（Krugman）发表的第一代货币危机理论表明，投资者在世界范围内重新配置资产会引发汇率的大幅调整，这造成了短期资本的国际转移；奥布斯特菲尔德（Obstfeld）发表的第二代货币危机理论指出，国际短期资本流动的主要原因是投资者在货币贬值预期下的投机性行为，这不仅造成了国际短期资本的流动，而且也导致了其大幅波动及可能由此产生的货币危机；卡明斯基和莱因哈特（Kaminsky & Reinhart）发表的第三代货币危机理论将货币危机归因于道德风险下国际资本的流动（刚健华等，2018）。

塞巴斯蒂安·爱德华兹（Sebastian Edwards，2004）收集并分析了150多个国家（地区）超过30年的外贸数据，发现资本过度流动会对银行系统产生危害，尤其是资本流入突然停止时。斯科特（Scott，2012）认为国际资本流入和已存的道德风险因素是导致银行波动的原因之一，给货币市场的平稳运作带来压力。马古德、莱茵哈特和维斯珀（Magud，Reinhart & Vesperoni，2014）认为，大量的资本流动通常会导致新兴市场经济体的信贷扩张，从而影响该国银行系统的稳定运行。卡贝莱罗（Caballero，2016）认为大规模资本流入导致银行业发生危机的可能性增加了3.6倍，并且对新兴市场的影响程度更大。在经济下行期，外资银行可能撤回在东道国的投资，资金流方向发生强烈逆转，这可能导致商业银行体系的脆弱性增加，并且银行间市场的关联性会加大银行间潜在的传染性（张博等，2018）。

本节我们借鉴奥立弗等（Oliver et al. ，2015）的分析框架，解释资本流入—流出对系统性风险的影响。

一、模型框架

假设经济持续两期，储蓄（S）、借贷（D）和投资（I）发生在第一期；第二期获得投资收益和偿还债务；社会中有两类群体，消费者和企业家；

假设经济社会只有一种产品，既可以用来储蓄，也可以用于消费。消费者是标准化的，第一期的初始禀赋为 Y，消费者的目标函数是第一期消费的效用与第二期消费期望值的总和：

$$U_c = u(C) + E(C') \qquad (5-1)$$

消费者将他们的储蓄部分 $S = Y - C$ 以利率 r[①] 贷给企业家用于投资。消费者会根据市场利率来安排第一期的消费和储蓄，当储蓄的边际成本（消费的边际效用）等于边际收益（利率）时，储蓄实现最佳配置，即：

$$u'(Y-S) = 1+r \qquad (5-2)$$

企业家在第一期没有初始资金，所以投资完全来源于资本市场的借贷，即 $D = I$。企业家在第一期的投资行为，以 p 的概率得到一个正的投资回报 $f(I)$，以（$1-p$）的概率投资不产生任何收益，即投资回报为零。各企业之间的收益是互有影响的，在经济景气的"好的"状态下，所有的企业都会得到一个正的投资回报；而在经济不景气的"坏的"状态下，所有企业的投资收益都是零。

考虑到投资失败的风险，企业家要支付一个违约风险溢价给贷款人（$1+r)D/p = (1+r)I/p$。企业家只在第二期才可以消费，其目标函数是第二期消

---

① 如果资本完全自由流动，国内利率 r 应等于国际无风险利率 r^*，但现实中由于各国对于资本流动的管制，r 可能会高于或低于国际利率 r^*。

费的期望值：

$$U_i = E(C')$$ (5-3)

国内的总体福利则是两个群体福利的加总：

$$U = U_c + U_i$$ (5-4)

从全社会的角度来看，投资的期望收益是总借贷水平的减函数，即 $p = p(D)$，$p'(\cdot) < 0$，这里的债务水平 D 是全社会的总体债务，而非单个企业家的债务。

然而，系统性企业家不会考虑他的借贷行为对于其他企业家违约风险或者投资成功率的影响，因此，这种外部性会滋生系统性风险。对于一个给定的企业而言，违约概率是总体债务水平的函数，是外生变量。

二、系统性风险的产生

一个典型的企业家，会以 p 概率支付风险溢价 $(1+r)I/p$ 给消费者，因此他的预期支出为 $(1+r)I$，其事前的效用为：

$$U_i = pf(I) - (1+r)I$$ (5-5)

对单个企业家而言，成功的概率 p 是外生变量，不会受到个人投资行为的影响。企业家的最优化行为是借贷一单位资本产生的收益，即边际收益 $pf'(I)$ 等于借贷一单位资本需要付出的代价，即边际成本 $(1+r)$，这也意味着社会对贷款的需求是实际利率的减函数。因此，在不加限制的情况下，社会的借贷均衡点为：

$$pf'(I) = (1+r)$$ (5-6)

但从全社会角度来看，要考虑总体投资水平对成功概率（或系统性风险）的影响，即 p 是整体投资水平的函数，整个社会的目标函数是：

$$U = p(I)f(I) - (1+r)I$$ (5-7)

最优化的投资水平应满足：

$$p(I)f'(I) + p'(I)f(I) = (1 + r) \tag{5-8}$$

由于存在借贷外部性的问题，借贷行为的社会边际收益要小于个人边际收益，二者之间的差额 $p'(I)f(I)$ 是借贷行为对于系统性风险的影响。对比工（5-6）和（5-8）可以发现，在企业家个人最优的情况下，社会投资均衡点位于 $I = I^i$；而从全社会而言，最佳的投资水平 $I = I^s$，要低于企业家的最优水平，即社会存在过度投资的问题，如图5-3所示。

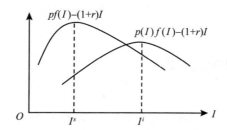

图5-3　封闭经济下系统性风险的生成过程

在开放经济中，假设世界平均利率水平为 r^*，均衡时，企业家的最佳投资规模为 I^i，社会最有效的投资规模为 I^s，如图5-4所示。此时，整个社会加总起来的个体最佳投资水平超过社会最有效的投资规模，过度投资，这会引发经济过热，进而利率上升。在全球资本可以自由流动的情况下，当本国利率高于 r^* 时，会引发国际资本流入，推动国内汇率升值，进一步加剧了原本就已经过热的投资和经济形势，这种正反馈效应的累积会持续推高企业的信用风险以及市场风险，一旦风险超出了社会能承受的合理水平，将会引发系统性风险。风险一旦爆发，企业家无法偿还到期债务，前期投资过热造成的经济虚假繁荣会瞬间崩塌，经济泡沫破裂，利率下降、汇率贬值，恐慌的心态在市场中蔓延，国际资本出逃，造成流动性短缺，融资情况无法满足经济增长的需求，经济发生大规模衰退，金融放大器的效应会再次恶化系统性风险。

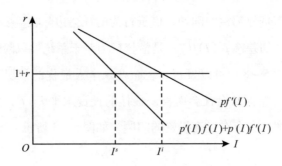

图 5 - 4　开放经济下系统性风险的生成过程

三、系统性风险的传播与扩散

上述模型表明，个人的行为会产生外部性，这种外部性造成的结果就是全体的最优选择偏离了社会的最佳选择。在国际资本流入和同等的利率条件下，社会个体投资者对资本的需求总和超过了全球的最有效投资规模，出现投资过热的情况，由此引发了系统性风险（陈得文，2016）。而一旦风险爆发，经济主体的恐慌心理会迅速在金融市场蔓延，进而引发金融机构的流动性短缺，事实上，系统性风险的重要表现就是财务困境在金融机构之间的相互关联传播。

在开放经济下，跨境资本的流入与流出会引发银行乃至整个经济体系的系统性风险。当跨境资本出现了过度流入和流出的情况，此时每一位投资者都处在一种高度敏感和脆弱的时期，神经紧绷。尤其是在资本市场、证券市场以及各大金融机构存在的大量高负债投资者，这些投资者往往是最为敏感的一部分群体，风险承受能力较差，一旦经济系统中出现了任何风吹草动，恐慌情绪就会在市场中迅速蔓延开来。在信息不对称的作用下，一个经济体的个人行为将疾速演变成整个市场的行为。出于对经济形势的不确定和恐慌心理，大家开始争相抛售手中的资产，由此会引发资产价格大幅度下降，股市崩盘、楼市倒闭、企业破产，由此引发整个社会违约率上升、经济崩溃（陈忠阳等，2012）。资本流入与金融危机情况如表 5 - 2 所示。

表 5 - 2　　　　　　　资本流入与金融危机情况　　　　　　单位：%

国家及首次发生金融困难的年份	私人资本净流入／GDP			短期债务／出口
	危机当中	前 1～2 年	前 3～4 年	
阿根廷（1980）	4.52	4.31	1.52	92.7
阿根廷（1989）	0.40	0.89	2.28	70.8
阿根廷（1995）	3.23	4.29	2.00	35.9
智利（1981）	11.77	9.14	6.20	53.2
墨西哥（1982）	4.62	5.01	4.13	85.2
墨西哥（1994）	4.92	3.89	3.48	50.4
委内瑞拉（1994）	0.23	2.07	1.90	19.3
马来西亚（1985）	2.52	10.37	16.14	15.1
菲律宾（1981）	2.52	2.59	4.11	106.6
泰国（1983）	1.90	2.96	4.05	35.8
泰国（1997）	7.30	4.52	4.95	49.9
南非（1985）	-0.81	0.70	0.31	—
土耳其（1985）	0.15	0.48	0.22	36.2
土耳其（1991）	0.71	1.69	2.65	35.3

资料来源：向文华. 金融自由化与金融风险相关性研究［M］. 北京：中央编译出版社，2005：55.

表 5 - 2 中列出了世界上一些国家爆发金融危机期间资本流入的情况，从中可以看出，在金融危机爆发前夕，一个共同的现象就是各国均出现了大批量资本进入的情况，尤其是在危机爆发前 1～2 年，资本净流入的平均水平明显提高，这里面很大部分的外资都是以短期债务为主要形式的投机资本。这部分资本的流动纯以牟利为目的，而非投资于一国的实质性生产活

动，它们集中攻击一国的股票、期货和房地产等行业，在短期内推高资产价格，引发资产泡沫，而后集体撤离，引发市场崩溃。这些投机炒家的操作手段是通过引发市场崩盘，刺破前期吹大的资产泡沫，致使该国经济崩盘，引发货币贬值。到了这个时候，这些资本开始集中撤离，在外汇市场上疯狂抛售。此时，货币当局为了维持币值稳定，将被迫在市场上进行对冲操作。当外汇储备不足以支撑该国币值时，政府会任凭货币贬值，至此，货币乃至金融危机爆发。首先，一旦政府宣布放弃当前汇率，外资便会加速撤离，而这种抽逃又会与汇率贬值形成螺旋式上升的状态；其次，外资撤离使部分企业资金链断裂，出现财务危机，其他借款人会推断整个社会出现了流动性问题，因而加速撤离，资本便会大批量流出；最后，货币的贬值和资本的流出进一步压缩了银行的可贷资金，银行陷入流动性危机，银行流动性紧张将直接束紧对企业的预算约束，造成企业财务紧张，银行出现信用风险，整个金融市场陷入混乱，系统性金融危机爆发（向文华，2005）。

第六章

基于压力测试法的银行
体系信用风险评估

第一节 压力测试

自 20 世纪 90 年代初期以来，压力测试在国际银行业得到广泛应用，已成为银行等金融机构重要的风险管理工具。发达国家监管当局均要求或鼓励所属银行遵循巴塞尔银行监管委员会的建议规范进行压力测试的工作，要求银行业年度财务报告中加入压力测试分析，使股东及其他社会各界对银行业的未来发展、前景及风险，有更深层次的认识，以达到资讯透明化及公开化的原则。2007～2008 年金融危机的爆发，使人们意识到传统风险管理工具的缺陷，尤其是对风险后果的前瞻性估计不足，只是机械地套用监管比率，容易低估金融体系杠杆率下降的幅度，对金融体系的稳定性评估过于乐观。例如，人们发现，在置信度内正常市场情形下，传统的 VaR 风险估计是有效的，但超过置信度的低概率金融损失事件传统的 VaR 方法无能为力，这种极端市场波动或危机的例子使人们认识到仅仅用过去流行的商业条件基础上的监督和风险管理是不够的（例如新的危机可能包括过去未曾出现的跨市场的新风险），需要结合新的方法对金融体系的稳定性进行判断（刘晓星，2009）。

一、压力测试的定义及分类

巴塞尔银行全球金融系统委员会（2000）将压力测试定义为"金融机构衡量潜在但可能发生异常损失的模型"。

我国银保监会于2007年发布的《商业银行压力测试指引》中指出，压力测试是"一种以定量分析为主的风险分析方法，通过测算银行在遇到假定的小概率事件等极端不利情况下可能发生的损失，分析这些损失对银行盈利能力和资本金带来的负面影响，进而对单家银行、银行集团和银行体系的脆弱性做出评估和判断，并采取必要措施"（陆静、汪宇，2011）。

盛斌、石静雅（2010）指出，压力测试有情景分析法和系统化压力测试两种主要方法。第一种情景分析方法是最常用的压力测试方法，主要用于评估一个或几个风险因子从当前市场情景突然变化到某些极端情景的过程中对资产组合价值变化的影响程度。作为度量极端变动对资产组合价值影响的度量方法，情景分析法是对正常波动范围的金融风险度量方法的有益补充。此法可以使金融机构的高层管理部门及风险管理部门能较为准确地评估和把握极端事件的影响，从而将大大提高风险管理策略的有效性和可靠性。情景分析法主要包括典型情景构造法、历史情景模拟法、VaR 情景构造法、MonteCarlo 情景模拟法和特殊事件假定法等。第二种系统化压力测试的基本原理是在一定条件下对影响资产组合价值的风险因子采用数学或者统计的方法生成大量的市场情景，然后评估这些情景对资产组合价值变化的影响，从中搜寻资产组合的最坏情景，即导致资产组合价值损失最大的压力情景。此方法针对一系列不同的压力情景，考虑到资产组合内部的风险特征、风险因子在历史上的极端变动的同时，又考虑到未来潜在的所有可能的压力情景，因此，系统化压力测试与情景分析法相比更彻底和更系统化。

从以上监管机构对压力测试的定义可以看出，压力测试的重点在于分析金融机构承受各种极端冲击的能力，用来衡量风险资产组合价值在极端情景下可能遭受的最大损失及对金融机构盈亏和资本状况的影响（陆静、汪宇，2011）。

二、实施压力测试的必要性

目前，压力测试不仅仅应用于极端市场风险的度量与管理，还被广泛运到极端情形下金融机构的信用风险、市场风险、流动性风险等极端风险的度量和管理之中（盛斌、石静雅，2010）。根据巴塞尔协议Ⅲ，商业银行必须计量和核定市场风险大小并配置资本，且要求商业银行对市场风险实施压力测试，以便动态地跟踪市场因子变化对银行的影响。巴塞尔银行监管委员会于 2009 年 5 月发布《稳健的压力测试实践和监管原则》，针对业务复杂的大型银行提出关于压力测试和风险治理一体化的 15 条建议，并在此基础上对监管当局提出若干建议措施。

对于商业银行而言，实施压力测试可以深入分析其抵御风险的能力，充分了解潜在风险因素与银行持续经营之间的关系，及时预防极端事件可能对银行带来的冲击，从而有效控制风险；对于监管部门而言，实施压力测试可以使其充分了解单家银行和银行业体系的风险状况和风险抵御能力，更有效地监管商业银行；对于银行董事会和高级管理层而言，实施压力测试可以帮助管理层做出更优的决策；对于银行投资者或利益相关者而言，压力测试可以提供有关银行风险管理状况的信息，有助于确定银行的市场价值（陆静、汪宇，2011）。

如今，压力测试已成为银行业风险管理的重要工具。特别是 2008 年金融危机的爆发使人们认识到，传统 VaR 方法对极端市场波动或危机风险后果的前瞻性估计不足，学者们开始结合压力测试对金融体系的稳定性进行判断。更重要的是，人们发现，世界金融业出现了新特点：损失不再是由单一风险所造成，而是由信用风险、市场风险和操作风险等联合造成（华晓龙，2009）。在这样的背景下，国际银行业及风险管理组织开始强调压力测试的重要性：2009 年 2 月美国财政部长盖特纳便提出针对全美 19 家大型银行资本充足率的压力测试。2010 年欧洲银行业为平复市场担忧情绪，亦进行了资本充足率的压力测试（王冬，2011）。

银行业压力测试主要包括市场风险压力测试和信用风险压力测试。

（1）信用风险的压力情景偏重于宏观经济层面的情况变化，包括国内外经济体宏观经济出现衰退、房地产价格出现大幅下滑、贷款质量恶化、交易对手出现支付困难等。

（2）市场风险的压力情景则更为关注微观市场层面的变化，重点是市场价格波动对银行的影响。如资产价格的不利变动、汇率的大幅波动、利率缺口突然增大、收益率曲线的不利移动等与金融产品定价直接相关的因素。由于金融产品繁复多样，所以影响市场风险的因素众多，进而市场风险较信用风险需设计考虑的压力测试情景更多。

三、实施压力测试的方案

一般认为，在实施压力测试方案时，应组合使用监管压力情景与银行自身开发的压力测试，以反映银行的具体风险特征（白涛，2009）。陆静、汪宇（2011）总结了压力测试的两种实现方法，分别是敏感性分析法和情景分析法，后者又包括历史模拟情景方法和假定特殊事件方法。

第二节　我国银行业信用风险的压力测试

一、模型及数据

（一）模型设定

依据本章的研究目的，我们将在威尔逊（1997）、佐尔格和维罗莱宁（2006）、谢赫特曼和加格利亚诺尼（2012）等压力测试文献常用模型的基础上，纳入资本流出所带来的冲击，以评估资本流出压力冲击下，对银行业信用风险带来的影响。模型具体设定如下：

$$Y_t = \ln\left(\frac{CRI_t}{1 - CRI_t}\right) \tag{6-1}$$

$$Y_t = \alpha_0 + \sum_{i=1}^{p} \alpha_i Y_{t-i} + \beta CAP_t + \gamma_0 X_t + \sum_{j=1}^{q} \gamma_j X_{t-j} + u_t \tag{6-2}$$

$$X_t = \mu + \sum_{k=1}^{m} A_k X_{t-k} + \varepsilon_t, \quad m > q \tag{6-3}$$

$$(u_t, \varepsilon_t) \sim N(0, \sum), \quad \sum = \begin{pmatrix} \sum_{u,u} & \sum_{u,\varepsilon} \\ \sum_{\varepsilon,u} & \sum_{\varepsilon,\varepsilon} \end{pmatrix} \tag{6-4}$$

其中，CRI_t 为违约概率，用以度量银行的信用风险，参照其他学者的研究，本章选取银行的逾期贷款率[①]来测算，$CRI_t \in [0, 1]$；Y_t 为信用风

---

① 区别于不良贷款认定中可能存在的银行监管部门的主观干扰成分，银行逾期贷款数据最大的特点是绝对客观，银行放出去的贷款，贷款人一旦无法按时还本付息，就成了逾期贷款。贷款逾期是客观事实，只要它发生，就会出现在银行的财务报表中被统计到期贷款中，从而逾期贷款最大可能地剔除了主观性。逾期贷款的这一特征，为我们提供了一个观察银行不良贷款变化趋势的最客观的指标。

险指标的对数转换形式，相当于是连接银行信用风险与宏观经济变量之间的
"中介指标"，Y 值越高，表明违约概率即信用风险越大，进而经济状态越
差；X_t 为一组宏观经济变量，误差项 u_t 服从正态分布，同方差，且与过去
的信息是独立的；ε_t 为正态白噪声。

式（6-2）将转换后的信用风险指标与资本流出程度，和相关宏观经
济变量之间建立联系，考虑到宏观冲击的时滞效应，我们在模型中纳入宏观
经济变量及中介指标 Y 的滞后项；这些宏观经济变量服从向量自回归，如
式（6-3）所示。条件（6-4）表明系统模型中的残差项与 VAR 模型中的
残差项服从联合正态分布，且通过参数 $\sum_{u,\varepsilon}$ 建立联系，因此通过加入压力测
试，宏观经济冲击会影响到银行体系的信用风险。

要注意的是，如果 $\sum_{u,\varepsilon} \neq 0$，宏观经济变量既会通过其总水平，也会通
过经济冲击影响到信用风险。如果考虑到 $\sum_{u,\varepsilon} \neq 0$ 的可能性，则式（6-2）
中的 X_t 则是内生的，因为 $\text{cov}(u_t, X_t) = \sum_{u,\varepsilon}$。这使得极大似然估计
（MLE）比通常更为复杂。

学者们发现 Wilson 模型在 u_t 的设定上存在问题，即误差项 u_t 可能是非
正态的、且异方差的，这样一来尽管估计结果仍然稳健，但可能会影响到压
力测试的结果，因为该模型在进行压力测试模拟的时候，仍需要保持同方差
和正态性的假设。

（二）变量及数据选取

1. 信用风险

学者们常用违约贷款率作为评估信用风险的指标，这主要是因为银行系
统的信用风险主要表现为贷款资产的违约风险。违约率水平是评估银行贷款
质量最直接的指标，违约风险可以用借款人在规定期限内的违约概率度量。

在数据的选取上，佐尔格和维罗莱宁（2006）对芬兰银行系统进行的

宏观压力测试分析中，对违约率指标采取如下赋值方式：以某行业的破产机构数量与总机构数量的比率作为银行体系面对的违约率；华晓龙（2009）选取四家国有商业银行中国工商银行、中国农业银行、中国银行、中国建设银行和交通银行、招商银行、光大银行等十家股份制商业银行的信贷数据作为样本，以平均的逾期贷款率（即年末样本银行的总逾期贷款额与总贷款余额的比率）来表示贷款违约率。

参照学者们的研究，本节采用银行年度报告中公布的全部逾期贷款数额占各项总贷款的比重来表示逾期贷款率，以此作为信用风险的代理变量，文中结合数据可得性，选取了 2010～2019 年，56 家样本银行的数据，其中包括国有商业银行 5 家[①]，股份制商业银行 12 家[②]，城市商业银行 33 家[③]，农村商业银行 6 家[④]。数据显示，本章所选取的样本银行占据了整个行业的绝大部分：2010～2019 年，文中 56 家样本银行的资产总额占银行业总资产比例均在 58% 以上，最高时达到 71.71%，基本可以代表中国银行业的整体状况（见表 6－1）。

表 6－1　　　　　　　　　样本银行占银行业总资产比例

年份	样本银行资本总额（亿元）	行业总额（亿元）	占比（%）
2010	566652.78	953053	59.46
2011	666689.31	1132873	58.85

① 包括中国工商银行、中国银行、中国建设银行、中国农业银行和交通银行五大国有银行。
② 包括招商银行、中信银行、华夏银行、光大银行、浦东银行、民生银行、兴业银行、广发银行、平安银行、浙商银行、渤海银行、恒丰银行共计 12 家。
③ 城市商业银行也是股份制商业银行，但它们受到地域限制及当地政府的干预。它们的管理也同股份制商业银行差别很大，因此，本章将其从股份制商业银行中分离出来，以单独测算资本流出对其风险的冲击效果。
④ 包括厦门农商银行、北京农商银行、杭州农商银行、顺德农商银行、广州农商银行和上海农商银行。

续表

年份	样本银行资本总额（亿元）	行业总额（亿元）	占比（%）
2012	958265. 81	1336224	71. 71
2013	1066407. 33	1513547	70. 46
2014	1194519. 40	1723355	69. 31
2015	1356761. 65	1993454	68. 06
2016	1547198. 14	2322532	66. 62
2017	1651474. 03	2524040	65. 43
2018	1857602. 05	2614000	65. 75
2019	2021026. 80	2825146	71. 54

资料来源：根据 Bankscope 数据库和中国银保监会年报整理而得。

2. 资本流动

对于跨境资本流动的统计，学者们更多关注的是短期跨境资本流动，所采用的方法包括直接法，即用国际收支平衡表中的几个项目或其加总来统计；间接法，又称余额法，即用外汇储备增量减去国际收支平衡表中的几个项目而得到；混合法，即直接法和间接法的混合应用，具体手段是分别用直接法和间接法的不同公式进行测算，得到的结果进行简单加权平均，最终得到一个中间值。学者们之所以格外关注短期资本流动，是因为其更具冲击性，产生的短期突然逆转也更具伤害性，但随着我国金融市场的逐步开放和工具创新，用短期跨境资本流动来近似衡量我国整体跨境资本流动是不科学的，基于这种定义测算的短期跨境资本流动无法真实反映我国跨境资本流动现状（陈卫东、王有鑫，2016）。对于整体的跨境资本流动，学者们多数采用的是国际收支表中的数据来进行计算，包括年度数据和季度数据，也有学者结合银行结售汇的月度数据对其进行补充。考虑到本章的样本维度，我们采用国际收支表的年度数据来度量资本的流动情况，并同时结合分账户的数据，考察直接投资、证券投资和其他投资等不同类型资本的流动情况，因此文中的资本流动变量包含总体资本流动（*CAP*）、直接投资流动（*FDI*）、证券投资流动（*PI*）和其他投资流动（*OI*）这四个变量（正值表示资本流入，负值表示资本流出）。

3. 宏观经济变量

鉴于美国次贷危机中房地产市场价格对银行体系稳定性的影响，以及中国银行业住房抵押贷款业务的快速发展现状，本章参考华晓龙（2009）的研究，在模型中加入房地产价格指数这一变量，这里我们采用全国50个大中城市的房价收入比来度量，用以控制房价变化对银行贷款违约风险的影响。

宏观经济景气指标，这是衡量经济部门还贷能力的最直接指标，具体包括真实 GDP 增长率；工业生产增长率（*IPG*），文中选用第二产业增加值实际增长指数的数据来表示；失业率（*UE*）；上述数据均来自中经网统计数据库，这些经济部门的生产能力和其价值创造能力，将直接影响其生存发展，当然也就影响到经济主体的还贷能力，进而影响到银行业的信用风险。

其他宏观经济变量，包括通胀率 *CPI* 和银行贷款利率（*IE*）。这些变量水平的高低将直接可能影响到企业的经营成本和债务负担水平，进而影响到其违约概率。

为保证数据平稳及消除多重共线性和量纲的影响，我们对相关数据进行了处理：（1）关于资本流动变量，存在正负两部分数据，即资本流入和资本流出，对于资本流入的数据我们进行了对数化处理；对于资本流出的数据，我们对其绝对值后取对数，而后加上了负号，仍保证其代表资本流出。（2）我们对银行贷款率利率和通货膨胀率进行差分处理。（3）将2010年的失业率设定为基期100，后续年份的数据进行了环比处理。（4）对股价指数进行了对数化处理。

二、模型估计

1. 指标处理

根据收集的样本银行违约贷款率数据，我们计算出信用风险的度量指标——违约贷款率 CRI，并使用 Logit 模型将违约贷款率转化为中介指标 Y。

经过处理得到的违约贷款率 CRI 和中介指标 Y 值的走势，为图形处理方便，我们将 CRI 转换为百分比的形式显示。从图 6 - 1 中可以看出，2010 ~ 2018 年，样本商业银行的逾期贷款率大体呈现倒 U 型的走势，2011 年经历短暂下降后，又迅速上升，直到 2015 年达到峰值，而后开始下降，2017 年与 2018 年基本持平，银行业的逾期贷款出现了一个趋势性下降的过程，这表明银行资产的质量正在回稳，信贷风险有所减弱。经过 Logit 模型转换后的中介指标 Y 的走势与违约贷款率的走势相同。

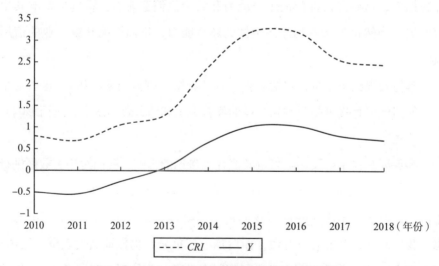

图 6 - 1　2010 ~ 2018 年样本银行的违约贷款率情况

注：根据样本数据，对每一年，56 家样本银行的违约贷款率 CRI 和中介指标 Y 值分别取均值，得出该年份 CRI 和 Y 值的平均水平。
资料来源：笔者根据样本数据整理而得。

根据 AIC、SBIC 和 HQIC 的标准，我们对于式（6 - 3）的 VAR 模型选取一阶滞后，表 6 - 2 汇报了模型的回归结果。

表 6 - 2　　　　　　　　　　　　VAR 估计结果

项目	真实 GDP 增长率（%）	工业生产增长率 IPG（%）	银行贷款利率 IE（%）	失业率 UE（%）	通胀率 CPI（%）
真实 GDP 增长率（%）	- 1. 2534（1. 1801）	- 1. 3391 *（0. 7006）	- 4. 0281 **（1. 9979）	- 2. 8670（14. 0894）	1. 0086（0. 7136）
工业生产增长率 IPG（%）	1. 0295（0. 672）	1. 5425 ***（0. 3994）	2. 2861 **（1. 1390）	2. 0791（8. 0320）	- 0. 9887 **（0. 4068）
银行贷款利率 IE（%）	0. 2079（0. 2737）	- 1. 3480（0. 1625）	0. 7598（0. 4633）	0. 0937（3. 2671）	- 0. 193（0. 1655）
失业率 UE（%）	- 0. 1573（0. 1143）	- 0. 3001 ***（0. 0679）	- 0. 4964 ***（0. 1935）	- 1. 0974（1. 3648）	- 0. 0540（0. 0691）
通胀率 CPI（%）	- 0. 0678（0. 0755）	- 0. 1481 ***（0. 0448）	- 0. 2154 *（0. 1279）	0. 179（0. 9018）	- 0. 4087 ***（0. 0457）
常数项	8. 8198（3. 9283）**	5. 1691 **（2. 3323）	12. 8901 *（6. 6504）	5. 2199（46. 8982）	- 0. 7887（2. 3752）
调整后 R^2	0. 9782	0. 9982	0. 8888	0. 6686	0. 9983

注：回归结果中（）内为 Driscoll/Kraay 标准误[①]，*** 为 1% 水平显著，** 为 5% 水平显著，* 为 10% 水平显著。

资料来源：笔者依据样本数据利用 STATA 统计软件计算而得。

2. 回归结果

我们以中介指标 Y 为因变量，依据等式（6 - 2）对包括资本流出和其

[①]　该标准误差是根据德里斯科尔和卡拉伊（Driscoll and Kraay，1998）的方法得到，其对误差项的异方差、序列相关和横截面相关是稳健的，且大样本性质不依赖于 N→∞。德里斯科尔和卡拉伊（1998）的蒙特卡洛模拟结果表明在 T≥25 时，对于任意的 N 该方法仍然具有很好的有限样本性质。

他宏观经济变量（及其滞后项）进行回归分析，根据回归结果中变量的显著性以及一系列的检验来得到对于数据的最佳拟合模型，得出相关估计系数，表 6 – 3 为面板 GMM 模型的回归结果。

表 6 – 3　　　　　　　纳入资本流动的银行信用风险模型估计结果

变量	因变量：$Y_t = \ln\left(\dfrac{CRI_t}{1 - CRI_t}\right)$			
	模型 1	模型 2	模型 3	模型 4
GDP	– 7. 0451 *** （1. 8070）	– 7. 7200 *** （1. 2449）	– 2. 8773 *** （0. 5538）	– 0. 933 *** （0. 314）
GDP（$t-1$）	– 1. 3937 *** （0. 2198）	– 1. 0184 *** （0. 1729）	– 1. 1040 *** （0. 2226）	– 5. 4651 *** （0. 8662）
IPG	– 1. 7057 *** （0. 3202）	– 8. 4424 *** （1. 2540）	– 1. 0499 *** （0. 1609）	– 4. 7498 *** （0. 7743）
D_IE	1. 9066 *** （0. 3145）	1. 1302 *** （0. 2016）	0. 4550 *** （0. 1135）	4. 2628 *** （0. 6694）
D_UE	0. 5068 *** （0. 0862）	0. 3446 *** （0. 0556）	0. 2789 *** （0. 0471）	1. 6409 *** （0. 2565）
D_CPI	0. 9089 *** （0. 1288）	1. 3289 *** （0. 1899）	0. 4645 *** （0. 1022）	0. 6060 *** （0. 1217）
LN（CAP）	– 0. 1305 *** （0. 0199）			
LN（FDI）		– 68. 8183 *** （10. 5176）		
LN（PI）			– 0. 1021 *** （0. 0156）	
LN（OI）				– 0. 4642 *** （0. 0709）

续表

变量	因变量：$Y_t = \ln\left(\dfrac{CRI_t}{1 - CRI_t}\right)$			
	模型 1	模型 2	模型 3	模型 4
_cons	29. 3967 *** （4. 2110）	486. 6312 *** （73. 9809）	− 4. 1714 *** （1. 4276）	14. 6900 *** （2. 0922）
N	448	448	448	448
R^2	0. 3636	0. 3636	0. 3636	0. 3636
Wald chi2 （7）	198. 18 ［0. 0000］ ***	198. 18 ［0. 0000］ ***	198. 18 ［0. 0000］	198. 18 ［0. 0000］
Hausman test	随机效应	随机效应	随机效应	随机效应

注：回归结果中（）内为 Driscoll/Kraay 标准误①，＊＊＊ 为 1% 水平显著，＊＊ 为 5% 水平显著，＊ 为 10% 水平显著。［ ］内给出了相关检验结果的 P 值，我们采用 Hausman test 来判定固定效应和随机效应的取舍②。

资料来源：笔者依据样本数据利用 STATA 统计软件计算而得。

表 6 - 3 回归结果显示，各种类型的资本流动均与银行信用风险呈负相关，这表明，随着资本流入水平提高，有助于降低商业银行的信用风险；相反，资本流出水平的增加，会提高商业银行的信用风险。这与我们前文的理论分析相吻合：总体资本流出的增加，会导致整个经济社会信用收缩，先前发放的贷款将因负向遭受冲击而发生大规模违约，部分银行可能会破产，风险进而通过银行间市场的信用链条传染至整个银行体系。

模型估计结果显示，证券资本的流动亦与银行信用风险呈负相关，这也验证了前文的理论分析。研究发现，当国际资本以证券投资的形式流入国内

---

① 该标准误差是根据德里斯科尔和卡拉伊（1998）的方法得到，其对误差项的异方差、序列相关和横截面相关是稳健的，且大样本性质不依赖于 N→∞。德里斯科尔和卡拉伊（1998）的蒙特卡洛模拟结果表明在 T≥25 时，对于任意的 N 该方法仍然具有很好的有限样本性质。

② 依据 Hausman 检验结果，我们仅给出了所选择模型的相应检验结果，对于其他未汇报的结果，感兴趣的读者可以向作者索取。

时，将会助推经济的虚假繁荣，此时经济形势一片大好，各类经济主体收益增加，还贷压力减轻，银行信用风险降低。然而，流入的资本推高了国内的证券价格，大量的热钱疯狂地追逐金融产品金融资产加额就会膨胀，推动资产泡沫的迅速形成和扩大。一旦资本流出，信贷规模收缩，资金供给减少，前期因过剩资本推高的金融资产价格将会迅速下跌，需要资金的领域无法变现，资产缩水。当市场遭受到这些负面消息冲击时，金融市场集体性的恐慌抛售，终将导致脱离实体经济而高度膨胀的经济泡沫破裂，金融资产价格大幅度缩水，进而引发借款人的大面积违约，银行呆账、坏账增多，触发银行的信用风险。

此外，模型也显示出以直接投资类型资本和其他类型资本的流入均有助于缓解银行的信用风险，而资本流出则会加大银行所面临的信用风险。结合前文的分析，我们认为，直接投资类型资本的流入有助于增强私人部门资本支出实力，提升经济部门的生产能力和创收能力，推高企业的全要素生产率和投资收益率，进而提升其还贷的可行性，有助于降低了银行业的信用风险。事实上，这也与宏观控制变量的回归结果相吻合：经济增长和工业生产率的提高，即经济形势的改善有助于降低商业银行的信用风险；相反，经济形势的恶化会推高银行的信用风险。其他类型资本的流入会提升经济社会的流动性和资本充裕度，进而降低偿债风险；而资本流出后，在限制银行贷款能力的同时，也会引发经济体的流动性不足进而增大违约风险。

对于其他宏观控制变量，失业率和银行利率都与银行的信用风险正相关，这一结果也与谢赫特曼和加格利亚诺尼（2012）的研究结论相一致，失业率和银行贷款利率的上升都会降低借款人的偿债能力，进而增大违约风险；关于信用风险与通胀率的关系在文献中存在争议（谢赫特曼和加格利亚诺尼，2012），但一般认为通胀扭曲了产品的市场价格，也会引起融资成本的上升，进而增大了借款人的违约风险，会恶化银行的信用风险，本章的结果支持了这种观点，通胀率与信用风险正相关，即通胀率上升会提高银行面临的违约风险。

三、压力测试

1. 压力情景的设定方法

反映压力情境的宏观经济变量值的设定方法通常有两种：传统方法和蒙特卡罗模拟法。传统压力测试的方法指在压力情境设定后，对宏观指标 Y 进行点估计（假设宏观经济模型中随机扰动项为零）从而得到违约概率期望值的点估计；而用蒙特卡洛模拟将得到综合指标 Y 或贷款损失的概率分布（模型中随机扰动项不为零）。取得压力情境的关键在于，在预测时间段内设定了产生压力事件的源变量后其他宏观经济变量的估值问题。这主要是考虑一个宏观因素的异动对其他宏观经济变量造成的冲击①。

本章采用传统的点估计方法，文中的承压变量为银行的信用风险中介指标 Y，测试的压力指标为不同类型资本的流出水平。

图 6 - 2 显示了样本期各类资本的流动情况，从中可以发现，2010 年总体资本净流出水平达到样本期内最高值，为 1848.74 亿美元，2011 ~ 2012 年两年都有 1000 亿美元规模以上的资本流出，2013 年流出情况有所缓解，2014 年又加大了流出规模，达到 1691.739 亿美元，2015 年为 912 亿美元，直至 2016 年才转为净流入。基于上述数据，我们对总体资本流出水平设定三档冲击情景，分别为：轻度冲击（500 亿美元），中度冲击（1000 亿美元），重度冲击（2000 亿美元）。

---

① 华晓龙. 基于宏观压力测试方法的商业银行体系信用风险评估 [J]. 数量经济技术经济研究，2009（4）：117 - 128.

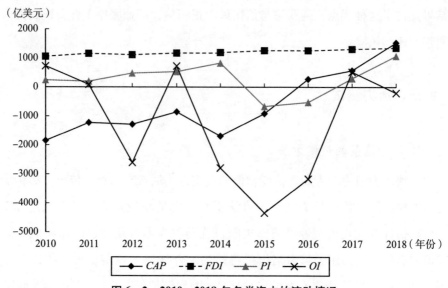

图 6 - 2　2010~2018 年各类资本的流动情况

资料来源：笔者根据样本数据整理而得。

直接投资类资本在整个样本期没有资本净流出的现象，因此，我们这里不对直接投资类资本进行压力测试分析；

证券投资类资本只是在 2015 年和 2016 年分别出现了 664 亿美元和 522 亿美元的净流出，对此，我们对证券投资类资本流出水平设定的三档冲击情景，分别是：轻度冲击（200 亿美元），中度冲击（500 亿美元），重度冲击（1000 亿美元）。

其他投资类资本在 2012 年、2014 年、2015 年和 2016 年先后出现了 4 次资本净流出，分别为 2600 亿美元，2787 亿美元，4340 亿美元和 3167 亿美元；对此，我们对证券投资类资本流出水平设定的三档冲击情景，分别是：轻度冲击（2000 亿美元），中度冲击（3000 亿美元），重度冲击（5000 亿美元）。

通过设定不同资本流出规模下的压力情景，并将宏观经济变量值代入等式（6 - 2），计算出相应压力情景下的中介指标 Y 的变化，再通过等式

（6-1）就可以估算出压力情景下银行的违约贷款率，即信用风险情况。这里我们模拟了三种不同程度的资本流出压力冲击，如表6-4所示。

表6-4　　　　　　　　　　　　　压力测试情景　　　　　　　　　　单位：亿美元

压力情景	资本流动规模			
	总的资本流动	直接投资	证券投资	其他投资
轻度冲击	-500	-100	-200	-2000
中度冲击	-1000	-300	-500	-3000
重度冲击	-2000	-500	-1000	-5000

资料来源：笔者根据样本数据整理而得。

2. 宏观经济变量赋值

关于冲击源设定后，各宏观经济变量的赋值，我们参考华晓龙（2009）对传统方法的修正过程：首先，压力情境源变量设定为资本流出水平，模拟相似情境历史数据（宏观经济受到资本流出冲击），利用最小二乘法，以资本流出为解释变量分别对其他宏观经济变量进行逐一回归分析，如果资本流出的系数统计性显著，说明资本流出与该宏观经济变量存在线性关系；然后将设定的压力情境下资本流出水平值代入估计出的方程，从而得到相应被解释变量的宏观经济变量估计值。依次得到各宏观经济变量在假设压力情境下的估计值后，再代入多元线性回归方程就可以得到银行的信用风险中介指标Y，再通过Logit模型，得到违约概率的点估计值。

相反，如果资本流出冲击的系数统计性不显著，说明资本流出变量的解释能力不好。此时，需要对该宏观经济变量进行自回归（即通过对各变量各自独立的时间序列模型预测出未来趋势），从而得到设定压力情境的发生时段下该变量的预测值，类似人为设定其经济变量值。这时将所有的宏观经济变量代入求出银行的信用风险中介指标Y，然后求违约概率的估计值即可。

在不同类型资本流出三种压力情景的设定下，我们发现资本流出对宏观经济变量均具有解释力，最终确定的宏观经济变量估值情况如表 6 - 5 ~ 表 6 - 7 所示。

表 6 - 5　　　　总体资本流出压力冲击设定下各宏观经济变量的估值

项目	GDP	GDP ($t - 1$)	IPG	D_IE	D_UE	D_CPI
常数项	7. 5021 *** [0. 000]	7. 6759 *** [0. 000]	7. 3778 *** [0. 000]	- 0. 1385 *** [0. 000]	- 0. 3649 *** [0. 000]	- 0. 0325 [0. 568]
CAP	- 0. 1205 *** [0. 000]	- 0. 1372 *** [0. 000]	- 0. 217 *** [0. 000]	- 0. 0098 *** [0. 005]	- 0. 0305 *** [0. 001]	0. 0397 *** [0. 000]

注：*** 为 1% 水平显著，** 为 5% 水平显著，* 为 10% 水平显著。[ ] 内给出了相关检验结果的 P 值。

资料来源：笔者依据样本数据利用 STATA 统计软件计算而得。

表 6 - 6　　　　证券投资类资本流出压力冲击设定下各宏观经济变量的估值

项目	GDP	GDP ($t - 1$)	IPG	D_IE	D_UE	D_CPI
常数项	7. 5269 *** [0. 000]	7. 7140 *** [0. 000]	7. 4574 *** [0. 000]	- 0. 3351 *** [0. 000]	- 0. 5177 *** [0. 000]	- 0. 0206 [0. 288]
PI	0. 0875 *** [0. 000]	0. 0776 *** [0. 000]	0. 147 *** [0. 000]	0. 0672 *** [0. 000]	0. 0702 *** [0. 000]	- 0. 0677 ** [0. 046]

注：*** 为 1% 水平显著，** 为 5% 水平显著，* 为 10% 水平显著。[ ] 内给出了相关检验结果的 P 值。

资料来源：笔者依据样本数据利用 STATA 统计软件计算而得。

表 6 - 7　　　　其他投资类资本流出压力冲击设定下各宏观经济变量的估值

项目	GDP	GDP ($t - 1$)	IPG	D_IE	D_UE	D_CPI
常数项	7. 9843 *** [0. 000]	8. 039 *** [0. 000]	8. 2041 *** [0. 000]	- 0. 0562 *** [0. 005]	- 0. 4016 *** [0. 000]	- 0. 0308 [0. 547]

项目	GDP	GDP ($t-1$)	IPG	D_IE	D_UE	D_CPI
OI	0.1104 *** [0.000]	0.0352 *** [0.000]	0.1711 *** [0.000]	0.0370 *** [0.000]	− 0.0757 *** [0.000]	0.0684 *** [0.000]

注：*** 为 1% 水平显著，** 为 5% 水平显著，* 为 10% 水平显著。［ ］内给出了相关检验结果的 P 值。

资料来源：笔者依据样本数据利用 STATA 统计软件计算而得。

3. 压力测试的执行及结果分析

依据表 6-3 的估计结果，我们可以拟合如下等式，用于压力测试分析：

$$Y = -7.05 \times GDP - 1.39 \times GDP(t-1) - 1.71 \times IPG + 1.91 \times IE$$
$$+ 0.51 \times UE + 0.91 \times CPI - 0.13 \times CAP + 29.40 \qquad (6-5)$$

$$Y = -7.72 \times GDP - 1.02 \times GDP(t-1) - 8.44 \times IPG + 1.13 \times IE$$
$$+ 0.34 \times UE + 1.33 \times CPI - 68.82 \times FDI + 486.63 \qquad (6-6)$$

$$Y = -2.88 \times GDP - 1.10 \times GDP(t-1) - 1.05 \times IPG + 0.46 \times IE$$
$$+ 0.28 \times UE + 0.46 \times CPI - 0.10 \times PI - 4.17 \qquad (6-7)$$

$$Y = -0.93 \times GDP - 5.47 \times GDP(t-1) - 4.75 \times IPG + 4.27 \times IE$$
$$+ 1.64 \times UE + 0.61 \times CPI - 0.46 \times OI + 14.69 \qquad (6-8)$$

依照修正后的点估计方法，我们首先将设定的压力情境下资本流出水平值代入表 6-5 ～表 6-7 的估计结果，得出冲击源设定下各宏观经济变量的估值；而后将压力测试设定下的冲击源及宏观经济变量估值代入回归方程式（6-5）～式（6-8），得出各压力情景下的中介指标 Y 值，再通过 Logit 模型将其转化为违约概率就得到了压力情境下的违约率的点估计值。压力测试的结果如表 6-8 所示。

从压力测试的结果来看，当出现轻度的总体资本流出冲击时，银行业的违约概率会上升 1.59 个百分点；而当出现中度冲击时，违约概率将会翻倍，上升 3.81 个百分点；当出现重度冲击时，将出现 8.78 个百分点的违约概率。可以发现，银行业的违约概率增加非常明显，证明资本流出对银行系统信贷违约概率的冲击效应非常显著。

表 6 – 8　　　　　　　　　　　压力测试的执行结果

压力情景	CAP			PI			OI		
	轻度	中度	重度	轻度	中度	重度	轻度	中度	重度
	−500	−1000	−2000	−200	−500	−1000	−2000	−3000	−5000
Y	−4.12	−3.23	−2.34	−3.43	−2.89	−2.15	−5.4	−4.8	−3.9
CRI（%）	1.59	3.81	8.78	3.14	5.27	10.43	0.45	0.82	1.98

资料来源：笔者依据样本数据利用 STATA 统计软件计算而得。

当冲击来自证券类资本流出时，冲击的效果更加明显，尽管流出的规模不大，但由此引发的银行业违约概率上升较为明显，体现为轻度的证券资本流出冲击，会造成银行业违约概率上升 3.14 个百分点；中度的证券资本流出冲击，会造成银行业违约概率上升 5.27 个百分点；重度的证券资本流出冲击，会造成银行业违约概率上升 10.43 个百分点。这里的分析与前文的理论分析相吻合，证券投资类的资本，对银行业信用风险的影响最为明显。当证券资本流入国内，会造成信贷扩张，形成资产价格泡沫，助推经济虚假繁荣；而一旦这些资本流出，将会导致银行业资金供给减少，信贷规模收缩，前期因过剩资本推高的金融资产价格将会迅速下跌，此时投资者会根据这些信息形成对未来经济下滑的预期，金融市场将出现集体性的恐慌抛售，终将导致脱离实体经济而高度膨胀的经济泡沫破裂，金融资产价格大幅度缩水，进而引发借款人的大面积违约，银行呆账、坏账增多，触发银行的信用风险。

相比于证券投资和总体资本流出，其他类型资本流出的冲击效应并不显著，尽管资本流出的规模比较大，但带来的违约概率增长并不明显。当出现轻度的其他类型资本流出冲击时，会造成银行业违约概率上升 0.45 个百分点；中度的其他类型资本流出冲击，会造成银行业违约概率上升 0.82 个百分点；重度的其他类型资本流出冲击，会造成银行业违约概率上升 1.98 个百分点。

　　本节我们将资本流出变量纳入银行业信用风险模型，采用 GMM 方法估计得出相关系数，而后在此基础上，采用修正的点估计方法，对资本流出变量进行压力测试分析。我们分别对总体类型资本、证券投资资本和其他类型资本三种类型的资本流动变量，设定了轻度、中度和重度三种级别的流出压力测试情景，分析不同级别的冲击下，资本流出对银行业信用风险的影响。研究发现，三种类型的资本流出均会导致银行业信用风险的上升，其中证券类型资本流出造成的冲击最为明显，尽管流出的规模不大，但对银行业信用风险造成的损失却十分严重；总体的资本流出冲击亦会造成银行业信用风险的上升，冲击效果也十分明显；相比之下，其他类型资本的流出，对银行业信用风险造成的冲击并不显著，尽管资本流出的规模比较大，但带来的违约概率增长并不明显。基于上述研究结论，我们认为从银行角度来看，有必要针对各类资本流出可能引发的信用风险加以防范。

第七章

资本流出冲击下的银行体系市场风险评估

——基于 VAR 模型的分析

巴塞尔委员会 1993 年颁布的《市场风险监管措施》明确了市场风险的定义，将市场风险定义为"可能由于市场价格波动导致银行资产负债表内和表外头寸出现亏损的风险"。根据定义，巴塞尔协议中的市场风险包括交易账户中受利率影响的各类工具及股票所涉及的风险，以及整个银行的外汇风险和商品风险。也有学者将商业银行的市场风险定义为因市场价格（利率、汇率、股票价格和商品价格）的不利变动而使银行表内和表外业务发生损失的风险（毕永松，2007）。顾名思义，这里的市场风险实际上就包括利率风险、汇率风险、股市风险和商品价格风险四大部分①。

第一节　市场风险的度量、变量选取及数据来源

在对市场风险的测度上，早期基于参数模型的风险矩阵技术文本奠定了

---

① 毕永松. 后 WTO 背景下的我国商业银行市场风险分析及其管控设计 [J]. 华东经济管理，2007，21（6）：146 – 149.

该方面研究的理论基础，它将金融资产的风险与其映射的市场因子或风险因子联系起来（王春峰、张伟，2001）。根据银保监会发布的《商业银行市场风险资本计量内部模型法监管指引》（第4次征求意见稿），市场风险的资本计量范围包括交易账户的利率风险和股票风险、交易账户和银行账户的汇率风险和商品风险等四大类别。鉴于此，本章参考度量市场风险的国际惯例（Perignon & Smith，2010；戴国强等，2015），以具有代表性的金融市场指数为研究对象，从股票风险、利率风险、商品风险和汇率风险四个维度来度量银行业的市场风险。我们利用上证综合指数来反映股票风险，这主要是考虑到上证综指具有庞大的融资规模和灵活的融资频率，能够较好体现股票市场价格的一般变化；利用上证大宗商品股票指数来体现商品风险、利用上证国债指数来反映利率风险，利用人民币对美元实际汇率指数（2010年第4季度＝100）来反映汇率风险。

除了我们关注的资本流动变量，我们还在模型中加入了相关控制变量。鉴于我国住房支出在居民消费支出中占据大量比例，以及国内银行业住房抵押贷款业务的快速发展现状，本章在模型中加入房地产价格指数这一变量，这里我们采用全国主要监测城市地价总体水平（环比）（HP）来度量，用以控制房价变化对银行市场风险的影响；宏观经济景气指标，具体包括国内生产总值（GDP）增长率、消费者价格指数（CPI）环比增长率、工业景气指数（PSI）。这些因素都会引发市场价格波动导致银行资产负债表内和表外头寸出现亏损的风险。

这里我们选取2010~2020年的季度数据，构建时间序列数据模型，利用脉冲响应函数的方法来分析在不同类型的资本流出冲击下，银行业市场风险的响应情况。市场风险变量和宏观控制变量的数据来源于中国经济金融研究数据库；资本流动的数据来源于国家外汇管理局。

对每一类市场风险，模型设定如下：

$$Y_t = \alpha_0 + \beta CAP_t + \gamma_0 X_t + u_t$$

Y_t 为各类市场风险变量，包括商品风险（Y_1）、利率风险（Y_2）、股票风险（Y_3）、和汇率风险（Y_4）；CAP_t 为资本流动变量，包括总体资本流动（CAP）、直接投资流动（FDI）、证券投资流动（PI）和其他投资流动（OI）这四个变量（正值表示资本流入，负值表示资本流出）；X_t 代表一系列宏观经济控制变量，包括 GDP 增长率、CPI 环比增长率、工业景气指数（PSI）以及房价指数（HP）。

第二节　相关检验

一、平稳性检验

本节的数据均为时间序列数据，在建立 VAR 模型之前，我们需要对数据进行平稳性检验。因为非平稳变量进入模型，容易出现伪回归现象，最终导致模型分析出现偏差。我们采用传统的 ADF 单位根检验方法检验各变量的平稳性，结果如表 7 – 1 所示。

表 7 – 1　　　　　　　　　　变量的 ADF 检验结果

变量	检验形式	检验统计量	P – value	结果
LnY_1	C，N，2	– 2.628*	0.0873	平稳
LnY_2	C，N，1	1.129	0.9955	非平稳
ΔLnY_2	C，N，1	– 2.691*	0.0757	平稳
LnY_3	C，N，1	– 1.975	0.2974	非平稳
ΔLnY_3	C，N，1	– 3.763***	0.0033	平稳
LnY_4	C，N，1	– 1.787	0.3868	非平稳

续表

变量	检验形式	检验统计量	P – value	结果
$\Delta \mathrm{Ln}Y_4$	C，N，1	– 5.051 ***	0.0000	平稳
Ln（*CAP*）	C，N，1	– 2.680 *	0.0775	平稳
Ln（*FDI*）	N，N，1	– 2.011 **	—	平稳
Ln（*PI*）	C，N，1	– 2.728 *	0.0692	平稳
Ln（*OI*）	C，N，1	– 3.549 **	0.0068	平稳
Ln（*GDP*）	C，N，1	– 2.357	0.1543	非平稳
ΔLn（*GDP*）	C，N，1	– 4.004 ***	0.0014	平稳
Ln（*CPI*）	C，N，1	– 1.670	0.4465	非平稳
ΔLn（*CPI*）	C，N，1	– 3.388 **	0.0114	平稳
Ln（*PSI*）	C，N，1	– 2.094	0.2470	非平稳
ΔLn（*PSI*）	C，N，1	– 5.244 ***	0.0000	平稳
HP	C，N，1	– 2.677 *	0.0782	平稳

注：其中检验形式（C，T，K）分别表示单位根检验方程包括常数项、时间趋势和滞后项的阶数，加入滞后项是为了使残差项为白噪声，Δ 表示一阶差分；检验统计量 *** 、 ** 、 * 分别表示 ADF 检验统计量在 1%、5% 和 10% 水平下显著，序列平稳。

资料来源：笔者依据样本数据利用 STATA 统计软件计算而得。

表 7 – 1 的检验结果显示，3 个风险指标利率风险（Y_2）、股票风险（Y_3）、和汇率风险（Y_4），以及宏观变量 *GDP*、*CPI*、*PSI*，存在单位根，序列非平稳；一阶差分后，结果相反，则表明序列为平稳序列；商品风险（Y_1）、和资本流动变量（*CAP*、*FDI*、*PI*、*OI*），以及宏观经济变量 *HP* 的检验结果显示，*DF* 检验统计量值均比 10% 临界值小，表明不存在单位根 [*I*(0)]，序列平稳。

二、滞后阶数的选择及联合显著性检验

关于滞后阶数的选取，我们结合赤池信息准则（AIC）、HQIC 和施瓦茨

信息准则（SBIC）来判断，一般是依据信息量取值最小的准则确定模型的阶数。

1. 商品风险模型

表7-2的检验结果显示，关于商品风险估计，在总体资本流动模型中，赤池信息准则（AIC）和汉南伊昆信息准则（HQIC）一致选择四阶滞后；在直接投资类资本流动模型中，三种信息准则一致选择四阶滞后；在证券投资类资本流动模型中，赤池信息准则和汉南伊昆信息准则一致选择四阶滞后；在其他类型资本流动模型中，赤池信息准则和汉南伊昆信息准则一致选择四阶滞后。

表7-2　　　　　　　　商品风险（Y_1）VAR 模型滞后阶数选择

资本流动类型	滞后阶数	AIC	HQIC	SBIC
CAP	VAR（1）	-2.4147	-1.7704	-0.5483
	VAR（2）	-1.8584	-0.6619	1.6078
	VAR（3）	-1.5692	0.1796	3.4968
	VAR（4）	-6.0938*	-3.7927*	0.5720
FDI	VAR（1）	-2.3085	-1.6809	-0.3468
	VAR（2）	-2.6300	-1.4645	1.0131
	VAR（3）	-3.5880	-1.8846	1.7365
	VAR（4）	-44.4224*	-42.1811*	-37.4164*
PI	VAR（1）	-3.4475	-2.8032	-1.5811*
	VAR（2）	-3.1494	-1.9529	0.3168
	VAR（3）	-3.2547	-1.5059	1.8113
	VAR（4）	-5.9927*	-3.6917*	0.6731

资本流动类型	滞后阶数	AIC	HQIC	SBIC
OI	VAR（1）	－3.0340	－2.0590	－1.1676*
	VAR（2）	－2.4299	－1.2334	1.0363
	VAR（3）	－2.1187	－0.3700	2.9473
	VAR（4）	－4.3601*	－2.3898*	2.3057

注：*表示各信息准则下确定的最优滞后阶数。
资料来源：笔者依据样本数据利用 STATA 统计软件计算而得。

接下来，我们采用 Wald 检验方法对模型的滞后阶数选择进行显著性检验，表 7－3 的检验结果显示，在资本流动对商品风险影响的四个模型中，滞后阶数的选择通过了联合显著性检验，滞后阶数的选择合理，即在四类资本流动模型中，均选择四阶滞后。

表 7－3 商品风险模型滞后阶数联合显著性检验

等式	*CAP*	*FDI*	*PI*	*OI*
LnY_1	15.8884** [0.014]	14.5288** [0.024]	15.1041** [0.019]	15.8471** [0.015]
CAP	26.489*** [0.000]			
FDI		17.5133*** [0.008]		
PI			13.5379** [0.035]	
OI				9.9171 [0.128]

续表

等式	CAP	FDI	PI	OI
ΔLn（GDP）	25. 1597 *** [0. 000]	23. 8747 *** [0. 001]	25. 4202 *** [0. 000]	24. 8659 *** [0. 000]
ΔLn（CPI）	33. 6166 *** [0. 000]	21. 3676 *** [0. 002]	23. 8719 *** [0. 001]	36. 9607 *** [0. 000]
ΔLn（PSI）	21. 1942 *** [0. 002]	20. 8144 *** [0. 002]	22. 6419 ** [0. 001]	24. 2931 *** [0. 000]
HP	13. 4030 ** [0. 037]	17. 7959 *** [0. 007]	14. 4884 ** [0. 025]	15. 3450 ** [0. 018]
All	144. 1191 *** [0. 000]	138. 4486 *** [0. 000]	169. 1755 *** [0. 000]	117. 3303 *** [0. 000]

注：表格中给出了 Wald 检验的 chi_2 统计量，*** 为 1% 水平显著，** 为 5% 水平显著，* 为 10% 水平显著。[ ] 内给出了检验结果的 P 值。

资料来源：笔者依据样本数据利用 STATA 统计软件计算而得。

2. 利率风险模型

表 7 - 4 的检验结果显示，关于利率风险估计，在总体资本流动模型中，赤池信息准则和汉南伊昆信息准则一致选择四阶滞后；在直接投资类资本流动模型中，三种信息准则一致选择四阶滞后；在证券投资类资本流动模型中，赤池信息准则和汉南伊昆信息准则一致选择四阶滞后；在其他类型资本流动模型中，赤池信息准则和汉南伊昆信息准则一致选择四阶滞后。

表 7 – 4　　　　　　　　　利率风险（Y_2）VAR 模型滞后阶数选择

资本流动类型	滞后阶数	AIC	HQIC	SBIC
CAP	VAR（1）	– 9. 4342	– 8. 7900	– 7. 5678
	VAR（2）	– 8. 4862	– 7. 2897	– 5. 0200
	VAR（3）	– 8. 3874	– 6. 6386	– 3. 3214
	VAR（4）	– 12. 0069 *	– 9. 7059 *	– 5. 3412

资本流动类型	滞后阶数	AIC	HQIC	SBIC
FDI	VAR（1）	−9.6274	−8.9998	−7.6657
	VAR（2）	−9.4681	−8.3026	−5.8250
	VAR（3）	−11.1499	−9.4465	−5.8254
	VAR（4）	−52.9477 *	−50.7064 *	−45.9417 *
PI	VAR（1）	−10.4366	−9.7923	−8.5702
	VAR（2）	−9.7895	−8.5930	−6.3233
	VAR（3）	−9.7022	−7.9534	−4.6362
	VAR（4）	−12.3347 *	−10.0336 *	−5.6689
OI	VAR（1）	−10.1627	−9.5184	−8.2963
	VAR（2）	−9.9150	−8.7185	−6.4488
	VAR（3）	−10.1216	−8.3728	−5.0556
	VAR（4）	−13.3025 *	−11.0015 *	−6.6368

注：＊表示各信息准则下确定的最优滞后阶数。
资料来源：笔者依据样本数据利用 STATA 统计软件计算而得。

表 7 − 5 的沃尔德检验（Wald）结果显示，在资本流动对利率风险影响的四个模型中，滞后阶数的选择通过了联合显著性检验，滞后阶数的选择合理，即在四类资本流动模型中，均选择四阶滞后。

表 7 − 5　　　　　　　利率风险模型滞后阶数联合显著性检验

等式	CAP	FDI	PI	OI
LnY_2	7.1172 ［0.310］	7.4763 ［0.279］	7.8587 ［0.249］	13.0202 ** ［0.043］

续表

等式	CAP	FDI	PI	OI
CAP	27. 4945 *** [0. 000]			
FDI		20. 4667 *** [0. 002]		
PI			9. 1540 [0. 165]	
OI				9. 5612 [0. 144]
ΔLn（GDP）	20. 87 *** [0. 002]	20. 2360 *** [0. 003]	19. 6051 *** [0. 003]	19. 8637 *** [0. 003]
ΔLn（CPI）	32. 5661 *** [0. 000]	25. 1145 *** [0. 000]	25. 9901 *** [0. 000]	34. 2191 *** [0. 000]
ΔLn（PSI）	18. 15914 *** [0. 006]	19. 1242 *** [0. 004]	19. 0893 ** [0. 004]	19. 7131 *** [0. 003]
HP	13. 8884 ** [0. 031]	17. 8479 *** [0. 007]	15. 2815 ** [0. 018]	17. 0163 *** [0. 009]
All	113. 9647 *** [0. 000]	126. 8319 *** [0. 000]	114. 8903 *** [0. 000]	105. 0249 *** [0. 000]

注：表格中给出了 Wald 检验的 chi_2 统计量，*** 为 1% 水平显著，** 为 5% 水平显著，* 为 10% 水平显著。[ ] 内给出了检验结果的 P 值。

资料来源：笔者依据样本数据利用 STATA 统计软件计算而得。

3. 股票风险模型

表 7－6 的检验结果显示，关于股票风险估计，在总体资本流动模型中，赤池信息准则和汉南伊昆信息准则一致选择四阶滞后；在直接投资类资本流动模型中，三类信息准则一致选择四阶滞后；在证券投资类

资本流动模型中，赤池信息准则和汉南伊昆信息准则一致选择四阶滞后；在其他类型资本流动模型中，赤池信息准则和汉南伊昆信息准则一致选择一阶滞后。

表 7 – 6 　　　　　　　　　股票风险（Y_3）VAR 模型滞后阶数选择

资本流动类型	滞后阶数	AIC	HQIC	SBIC
CAP	VAR（1）	– 2. 7134	– 2. 0691	– 0. 8470
	VAR（2）	– 2. 3264	– 1. 1299	1. 1398
	VAR（3）	– 2. 1951	– 0. 4464	2. 8709
	VAR（4）	– 6. 1211 *	– 3. 8201 *	0. 5447
FDI	VAR（1）	– 2. 5214	– 1. 8938	– 0. 5597
	VAR（2）	– 3. 1813	– 2. 0159	0. 4618
	VAR（3）	– 4. 7660	– 3. 0627	0. 5585
	VAR（4）	– 46. 8317 *	– 44. 5905 *	– 39. 8258 *
PI	VAR（1）	– 3. 6800	– 3. 0357	– 1. 8136
	VAR（2）	– 3. 7355	– 2. 5389	– 0. 2693
	VAR（3）	– 4. 2787	– 2. 5299	0. 7873
	VAR（4）	– 6. 6875 *	– 4. 3865 *	– 0. 0217
OI	VAR（1）	– 3. 0136 *	– 2. 3693 *	– 1. 1472
	VAR（2）	– 2. 9724	– 1. 7758	0. 4939
	VAR（3）	– 2. 8031	– 1. 0543	2. 2629 *

注：* 表示各信息准则下确定的最优滞后阶数。
资料来源：笔者依据样本数据利用 STATA 统计软件计算而得。

表 7 – 7 的沃尔德（Wald）检验结果显示，在资本流动对股票风险影响的四个模型中，滞后阶数的选择通过了联合显著性检验，滞后阶数的选择合

理，即在总体资本流动、直接投资类资本流动和证券投资类资本流动模型中，均选择四阶滞后；而在其他类型资本流动模型中，选择一阶滞后。

表 7 - 7　　　　　　　股票风险模型滞后阶数联合显著性检验

等式	CAP	FDI	PI	OI
LnY_3	2. 8962 [0. 822]	3. 3077 [0. 769]	2. 5941 [0. 858]	6. 4423 [0. 376]
CAP	25. 5714 *** [0. 000]			
FDI		30. 5251 *** [0. 000]		
PI			4. 9684 [0. 548]	
OI				27. 8194 *** [0. 000]
$\Delta Ln（GDP）$	24. 6499 *** [0. 000]	23. 8659 *** [0. 001]	24. 8861 *** [0. 000]	5. 6365 [0. 465]
$\Delta Ln（CPI）$	32. 8130 *** [0. 000]	20. 9994 *** [0. 002]	23. 5675 *** [0. 001]	7. 0062 [0. 320]
$\Delta Ln（PSI）$	19. 6863 *** [0. 003]	19. 8127 *** [0. 003]	21. 0638 ** [0. 002]	3. 9292 [0. 686]
HP	16. 29 ** [0. 012]	18. 8370 *** [0. 004]	17. 0509 ** [0. 009]	75. 9699 *** [0. 000]
All	128. 1356 *** [0. 000]	128. 0285 *** [0. 000]	104. 1765 *** [0. 000]	108. 4622 *** [0. 000]

　　注：表格中给出了 Wald 检验的 chi_2 统计量，*** 为 1% 水平显著，** 为 5% 水平显著，* 为 10% 水平显著。[ ] 内给出了检验结果的 P 值。
　　资料来源：笔者依据样本数据利用 STATA 统计软件计算而得。

4. 汇率风险模型

表7-8的检验结果显示，关于汇率风险估计，在总体资本流动模型中，赤池信息准则和汉南伊昆信息准则一致选择四阶滞后；在直接投资类资本流动模型中，三种类型的信息准则一致选择四阶滞后；在证券投资类资本流动模型中，赤池信息准则和汉南伊昆信息准则一致选择四阶滞后；在其他类型资本流动模型中，赤池信息准则和汉南伊昆信息准则一致选择四阶滞后。

表7-9的沃尔德（Wald）检验结果显示，在资本流动对汇率风险影响的四个模型中，滞后阶数的选择通过了联合显著性检验，滞后阶数的选择合理，即在四类资本流动模型中，均选择四阶滞后。

表7-8　　　　　　　　　　汇率风险（Y_4）VAR模型滞后阶数选择

资本流动类型	滞后阶数	AIC	HQIC	SBIC
CAP	VAR (1)	-5.8471	-5.2028	-3.9806
	VAR (2)	-5.4379	-4.2414	-1.9717
	VAR (3)	-4.9603	-3.2115	0.1057
	VAR (4)	-10.4633 *	-8.1622 *	-3.7975
FDI	VAR (1)	-6.1778	-5.5503	-4.2161
	VAR (2)	-6.4751	-5.3096	-2.8320
	VAR (3)	-7.5603	-5.8569	-2.2358
	VAR (4)	-49.8655 *	-47.6242 *	-42.8595 *
PI	VAR (1)	-6.8206	-6.1763	-4.9542
	VAR (2)	-6.4977	-5.3012	-3.0315
	VAR (3)	-6.2853	-4.5365	-1.2193
	VAR (4)	-9.5863 *	-7.2853 *	-2.9206

续表

资本流动类型	滞后阶数	AIC	HQIC	SBIC
	VAR（1）	− 6.4527	− 5.8084	− 4.5863
	VAR（2）	− 6.3330	− 5.1365	− 2.8668
OI	VAR（3）	− 6.0055	− 4.2567	− 0.9395
	VAR（4）	− 9.2960 *	− 6.9950 *	− 2.6302

注：＊表示各信息准则下确定的最优滞后阶数。
资料来源：笔者依据样本数据利用 STATA 统计软件计算而得。

表 7 − 9 　　　　　　　　　　汇率风险模型滞后阶数联合显著性检验

等式	*CAP*	*FDI*	*PI*	*OI*
$\text{Ln}Y_4$	11.1838 * [0.083]	14.9223 ** [0.021]	12.1358 * [0.059]	15.9171 ** [0.014]
CAP	25.1293 *** [0.000]			
FDI		18.3165 *** [0.005]		
PI			4.5939 [0.597]	
OI				10.1881 [0.117]
ΔLn（*GDP*）	20.9389 *** [0.002]	20.0167 *** [0.003]	20.0569 *** [0.003]	19.6952 *** [0.003]
ΔLn（*CPI*）	31.3721 *** [0.000]	23.1654 *** [0.001]	24.6573 *** [0.000]	33.4751 *** [0.000]
ΔLn（*PSI*）	18.0527 *** [0.006]	19.9334 *** [0.003]	19.0309 *** [0.004]	19.2868 *** [0.004]

等式	CAP	FDI	PI	OI
HP	17. 3997 *** [0. 008]	18. 3549 *** [0. 005]	18. 2035 *** [0. 006]	18. 1054 *** [0. 006]
All	137. 1946 *** [0. 000]	141. 6623 *** [0. 000]	128. 9441 *** [0. 000]	113. 6185 *** [0. 000]

注：表格中给出了 Wald 检验的 chi_2 统计量，*** 为 1% 水平显著，** 为 5% 水平显著，* 为 10% 水平显著。[ ] 内给出了检验结果的 P 值。

资料来源：笔者依据样本数据利用 STATA 统计软件计算而得。

第三节 模型平稳性检验及脉冲响应分析

针对向量自回归（VAR）模型，在进一步分析之前，我们需要进行平稳性检验，以保证系统的稳健性。看模型系统是否稳定，即要看单位根的倒数是否都在单位圆内，如果都在，表明系统是稳定的；如果单位根都在单位圆外，表明模型异常，系统不稳定，这个模型没有什么太大意义，无法进行脉冲响应分析。

一、系统平稳性检验

1. 商品风险模型

图 7 - 1 依次给出了总体资本流动、直接投资类资本、证券资本和其他投资类资本流动冲击商品风险模型的伴随矩阵特征根分布，可以发现，所有的特征根均位于单位圆之内。图中标出了特征根与圆心的距离，一般认为，特征根距离单位圆的边界越远越好。因此，图 7 - 1 表明商品风险模型中滞后阶数的选择是合理的，系统是稳健的。

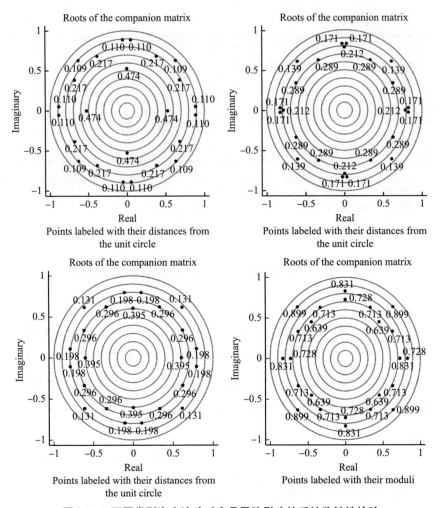

图7-1 不同类型资本流动对商品风险影响的系统稳健性检验

资料来源：笔者依据样本数据利用 STATA 统计软件计算而得。

2. 利率风险模型

图7-2 依次给出了总体资本流动、直接投资类资本、证券资本和其他投资类资本流动冲击利率风险模型的伴随矩阵特征根分布，可以发现，所有的特征根均位于单位圆之内。图中标出了特征根与圆心的距离，一般认为，特征根距离单位圆的边界越远越好。因此，图7-2 表明利率风险模型中滞

后阶数的选择是合理的，系统是稳健的。

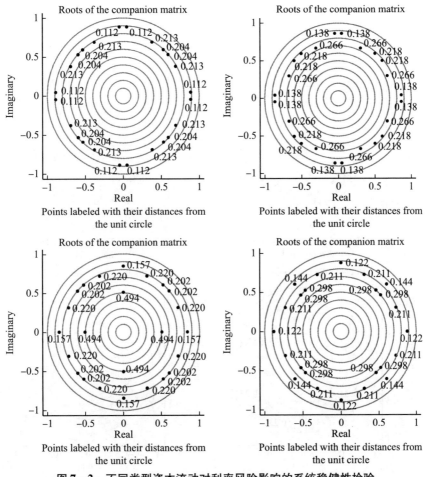

图 7 - 2　不同类型资本流动对利率风险影响的系统稳健性检验

资料来源：笔者依据样本数据利用 STATA 统计软件计算而得。

3. 股票风险模型

图 7 - 3 给出了总体资本流动、直接投资类资本、证券资本和其他投资类资本流动冲击股票风险模型的伴随矩阵特征根分布，可以发现，所有的特征根均位于单位圆之内。图中标出了特征根与圆心的距离，一般认为，特征

131

根距离单位圆的边界越远越好。因此，图7-3股票风险模型中滞后阶数的选择是合理的，系统是稳健的。

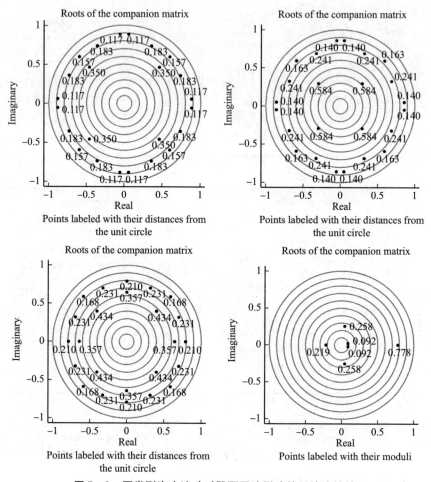

图7-3 同类型资本流动对股票风险影响的系统稳健性

资料来源：笔者依据样本数据利用STATA统计软件计算而得。

4. 汇率风险模型

图7-4依次给出了总体资本流动、直接投资类资本、证券资本和其他投资类资本流动冲击汇率风险模型的伴随矩阵特征根分布，可以发现，所有

的特征根均位于单位圆之内。图中标出了特征根与圆心的距离，一般认为，特征根距离单位圆的边界越远越好。因此，图7－4表明汇率风险模型中滞后阶数的选择是合理的，系统是稳健的。

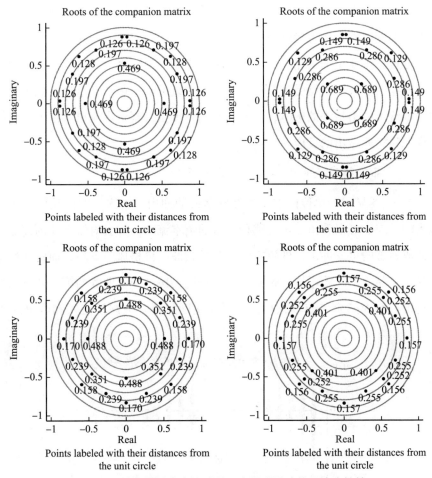

图7－4　不同类型资本流动对汇率风险影响的系统稳健性

资料来源：笔者依据样本数据利用STATA统计软件计算而得。

二、资本流出冲击下的脉冲响应函数分析

基于上述模型，我们可以进一步利用脉冲响应分析来识别出变量对外界冲击的反应。在实际应用中，由于向量自回归模型是一种非理论性的模型，它无须对变量做任何先验性的约束，因此在分析向量自回归模型的时候，往往不分析一个变量的变化对另一个变量的影响如何，而是分析一个误差项发生的变化，或者说模型受到某种冲击时对系统的动态影响。这里我们主要关注资本流出冲击带来的影响，因此，我们将重点考察资本流出冲击下，各类市场风险对此做出的反应。

1. 商品价格风险对资本流出冲击的反应

图 7−5 显示一单位标准差各类资本流动冲击下，银行业商品风险对此做出的反应。可以看出无论是哪种类型的资本流动，均会对银行业的商品风险造成显著的负向冲击，即资本流入会导致商品价格风险下降，而资本流出会导致商品价格风险增加。这是因为，跨境人民币融资业务的第一还款来源是进出口企业的贸易应收款项。一旦发生国际资本大规模流入和流出的情

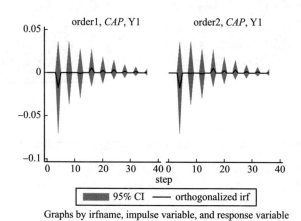

Graphs by irfname, impulse variable, and response variable

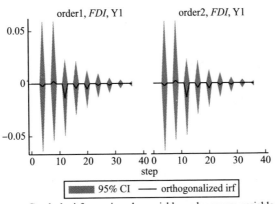

Graphs by irfname, impulse variable, and response variable

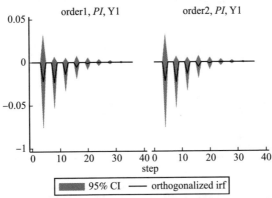

Graphs by irfname, impulse variable, and response variable

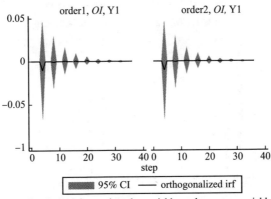

Graphs by irfname, impulse variable, and response variable

图 7 – 5　商品风险对一单位标准差资本流出冲击的反应

资料来源：笔者依据样本数据利用 STATA 统计软件计算而得。

况，将会引发大宗商品价格波动，那些以大宗商品作为抵押物的融资产品将会面临价格风险和资金融通风险。与此同时，商业银行也会随之增加贷款逾期支付甚至无法偿还的风险，进一步引发信用风险。

2. 利率风险对资本流出冲击的反应

图 7-6 显示一单位标准差各类资本流动冲击下，银行业利率风险对此做出的反应。可以看出，在各种类型资本流动的冲击下，利率风险的反应长短期有所不同，第一期的反应为正；而从第二期开始，反应开始为负；这表

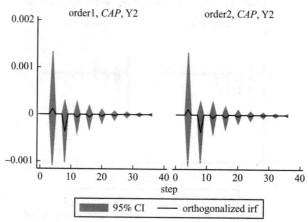

Graphs by irfname, impulse variable, and response variable

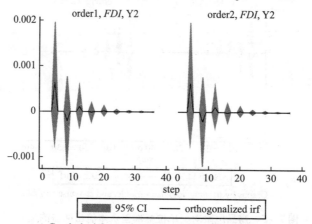

Graphs by irfname, impulse variable, and response variable

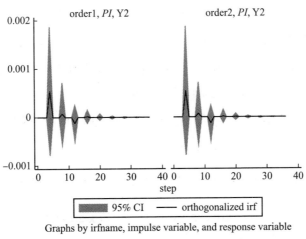

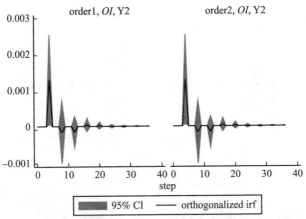

图 7－6　利率风险对一单位标准差总体资本流出冲击的反应

资料来源：笔者依据样本数据利用 STATA 统计软件计算而得。

明短期内资本流入会导致利率水平升高，而资本流出会导致利率水平下降。但从长期来看，资本流入会压低国内的利率水平，而资本流出则会提升国内的利率水平。这与我们前文的理论分析结果吻合。当国际资本大量流入国内时，会增加国内基础货币的供应量，流动性过剩加大了商业银行的资金运营压力，过多的资金将流向货币市场，信贷增加，进而压低利率水平，资产收益率下降；而当资本流出时，货币供应变得紧张，利率会相应上升。

当前，我国利率市场化改革已经基本完成。而长期以来，我国商业银行的资金业务多集中在境内市场，因此与新的人民币利率定价机制仍需较长时期的适应和磨合。而在离岸金融市场，影响人民币利率形成和定价的因素将更为多样复杂。从事境外业务的商业银行将面临更大的人民币利率风险市场风险。

3. 股票风险对资本流出冲击的反应

图 7 - 7 显示一单位标准差各类资本流动冲击下，银行业股票风险对此做

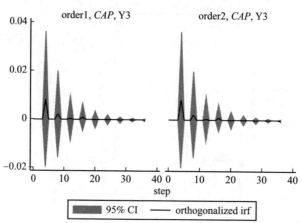

Graphs by irfname, impulse variable, and response variable

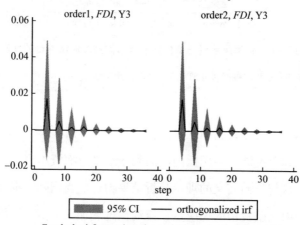

Graphs by irfname, impulse variable, and response variable

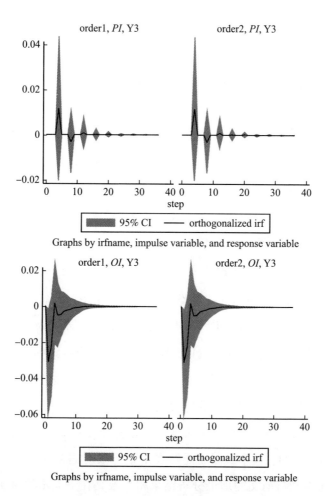

图 7 - 7　股票风险对一单位标准差资本流出冲击的反应

资料来源：笔者依据样本数据利用 STATA 统计软件计算而得。

出的反应。可以看出总体资本流动和直接投资类资本流动，都会对股票风险造成正向冲击。即资本流入导致股票价格上升，而资本流出则导致股票价格下降；而证券投资类的资本流出，则会对股票价格产生先抑后扬的作用；相反，其他类型的资本流出，则会对股票价格产生先扬后抑的作用。

刚健华等（2018）的研究指出，在 2015 年汇率改革之前，短期跨境资金的流入具有较强的汇市投机动机，对资本市场和中国整体金融稳定并没有起到积极的作用。在汇率改革之后，跨境资金流入的动机变得更加单纯（人民币汇率的投机利润收窄，更多只用于股权投资），在这一时期跨境资本 A 股市场上的买入行为更多地属于"抄底"行为，有利于平抑股票市场风险，抑制恐慌行为，从而有利于降低中国系统性风险。本文的样本采用的是 2010～2020 年的季度数据，结合汇改的时间节点，这里的实证结果印证了刚健华等（2018）提出的关于短期资本流入对股市影响的观点，即样本前期的资本流入更多以投机为主，会造成股价波动，造成恐慌；而后期的资本流入更多用于股权投资，有利于降低股市风险。

4. 汇率风险对资本流出冲击的反应

图 7 - 8 显示一单位标准差各类资本流动冲击下，银行业市场的汇率风险对此做出的反应。可以看出各种类型的资本流动，都会对汇率风险造成正向冲击。这里的汇率指数我们选用的是人民币实际有效汇率指数，上升代表本国货币相对价值的上升，下降表示本币贬值。尤其是总体的国际资本流动，其对汇率的冲击具有一定的持续性，即国际资本流入引发的人民币汇率升值具有长期性。特别地，国际资本流入会引致人民币资产需求的增加，并提高人民币资产的收益率，因而能够在未来一段时间内助推人民币升值[1]。这里的实证结果与前文的理论分析结果相一致，在美元本位制下，大量的国际资本流入我国，会对我国的人民币升值造成内外双重压力。从国内的压力来看，国际收支贷方代表外汇供给，借方表示外汇需求，当一国国际收支持续顺差，外汇供给大于需求时，外汇价值会下降，本币对外价值就会上升；而国际收支的持续顺差也加剧了境内外对人民币升值的预期，人

---

① 司登奎，李小林，葛新宇，刘镇宁. 泰勒规则、国际资本流动与人民币汇率动态决定［J］. 财经研究，2019（9）：30 - 43.

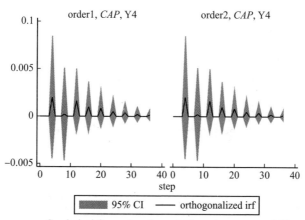

Graphs by irfname, impulse variable, and response variable

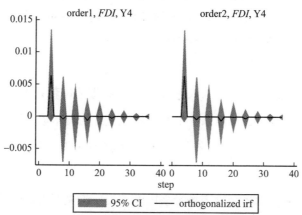

Graphs by irfname, impulse variable, and response variable

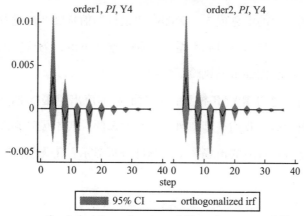

Graphs by irfname, impulse variable, and response variable

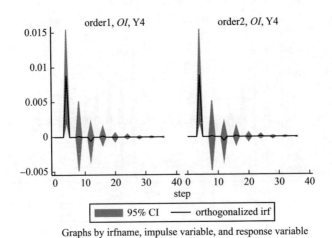

Graphs by irfname, impulse variable, and response variable

图7-8 汇率风险对一单位标准差资本流出冲击的反应

资料来源：笔者依据样本数据利用 STATA 统计软件计算而得。

们开始不断地抛售美元，买入人民币，大量投机资本流入境内，这更加剧了人民币升值的压力。在其他条件不变的情况下，当资本流入发生逆转时，本国的外汇储备会急剧减少，外汇市场面临供不应求的情况，本国汇率会下降。

这种汇率的波动将会给市场带来风险冲击，汇兑损失是企业开展国际业务时面临的主要风险之一，由于涉及外币，一旦发生汇率大幅波动的情况，将进一步增加企业的汇兑损失，影响商业银行的信贷资产质量及信贷市场需求。若汇率波动引起出口商成本增加，利润空间下滑，为这些出口商提供融资业务的银行将会面临市场风险损失[1]。

本节我们通过构建 VAR 模型，分析了资本流出对银行业市场风险的冲击。通过选取指标，我们从利率风险、汇率风险、股市风险和商品价格风险四个维度来度量银行业的市场风险。脉冲分析显示：①无论是哪种类型的资

---

[1] 张毅，黄卫平. 人民币跨境流动与商业银行风险管理 [J]. 现代管理科学，2020（2）：24-26.

本流动，均会对银行业的商品风险造成负向冲击，即资本流入会导致商品价格风险下降，而资本流出会导致商品价格风险增加；②短期内资本流入会导致利率水平升高，而资本流出会导致利率水平下降。但从长期来看，资本流入会压低国内的利率水平，而资本流出则会提升国内的利率水平；③总体资本流动和直接投资类资本流动，都会对股票风险造成正向冲击。即资本流入导致股票价格上升，而资本流出则导致股票价格下降；而证券投资类的资本流出，则会对股票价格产生先抑后扬的作用；相反，其他类型的资本流出，则会对股票价格产生先扬后抑的作用；④各种类型的资本流动，都会对汇率风险造成正向冲击，即资本流入引发汇率升值，而资本流出将引发汇率贬值。

本节的实证结果印证了我们前文的理论分析，资本流出会引发包括商品风险、股票风险、利率风险和汇率风险在内银行业市场风险上升，随着我国资本流动规模的增大，尤其是跨境资本流出的增强，银行业要对此加以防范。

第八章

跨境资本流出的国际监管经验借鉴

第一节　新兴市场国家应对资本流出的监管经验和教训

新兴市场国家由于其自身经济和金融体制的不完善，历史上曾多次遭受货币或者金融危机的冲击。通过梳理 20 世纪 80 年代以来新兴市场经济体发生的危机，我们发现了一个有意思的现象：这些国家或经济体历次危机的发生都伴随着美国联邦储备银行金融政策的调整，更准确地说，是美国先松后紧的货币政策（见表 8-1）。

表 8-1　　　　　　美联储货币政策周期与新兴经济体危机

时间	美元加息政策	新兴市场经济体危机
1980～1981 年	基准利率 19%	拉丁美洲债务危机（1982 年）
1994～1995 年	基准利率从 3.25%→6%	墨西哥金融危机（1994 年） 亚洲金融危机（1997 年） 俄罗斯金融危机（1998 年） 巴西金融危机（1999 年）

续表

时间	美元加息政策	新兴市场经济体危机
1999～2000 年	基准利率从 4.75%→6%	阿根廷金融危机（2001 年）
2004～2006 年	基准利率 1%→5.25%	全球金融危机（2008 年）
2015 年	基准利率 0.25%→0.5%	

资料来源：美国联邦储备银行官网（https：//www.federalreserve.gov/）。

通常来看，往往是美国出于振兴经济的目的，在全球实行量化宽松，释放货币。此时，随着全球流动性泛滥，大量的国际资本流向新兴市场经济体，其中不乏很多以投机和炒作为目的的国际游资。这些资本流入新兴市场国家后，会催生当地的资产泡沫，表现为股市疯涨，楼市虚高，同时受到攻击的还有期权、期货等其他衍生品市场；接下来，当美国束紧货币政策时，这些资本会大批量从新兴市场经济体中流出，引发这些国家的泡沫破裂，汇率贬值，爆发金融危机。例如，1981 年，美国联邦基金目标利率调高至19%，紧接着 1982 年拉丁美洲就爆发了债务危机；1994～1995 年，美联储加息 3%，之后美国开始紧缩货币政策，引发了巴西、亚洲、墨西哥和俄罗斯分别爆发金融危机；1999～2000 年，美联储加息 1.75%，2001 年阿根廷便爆发了金融危机；2015 年 12 月，美国联邦储备银行又进一步将利率提高至 0.25%～0.5%（见表 8-1）。

一、美元加息与金融危机的联系

第二次世界大战后，美国确立了美元作为世界硬通货币的地位，但美元与黄金脱钩让美国开启了肆无忌惮地掠夺世界财富的时代。无论是美元升值还是贬值，深受其害的都是处在发展中世界的新兴经济体。可以说，美元霸权"通过操纵汇率和改变美元供应"是区域性或全球性金融危机的根源。

1. 美元加息对各国货币汇率的影响

美元作为世界货币体系的中心，其汇率的变化会直接影响到世界其他经济体货币的汇率走势。美元加息后美元兑各国货币的汇率就会大幅上升，这意味着各国货币存在着币值下跌的压力。新兴市场国家由于汇率制度不完善、国内金融市场不成熟等原因，直接成为跨境资金流动冲击的对象。美元的不断升值，本国货币的不断贬值，使大批投资者纷纷出售手中持有的新兴市场资产，转而投向以美元计价的美元资产。20世纪80年代以来，美国共出现了4次提升利率的过程，统计表明，在每轮加息之后，都引发了国际短期资本从新兴市场国家撤资，而后流入美国的情景。这些国际资本在流出的过程中，势必要抛售当地货币，以换取美元，这将导致外汇市场上当地货币供大于求，引发汇率贬值。而资本的回流会直接拉升美元的汇率，相应地，导致其他资本流出国货币贬值。

2. 美元加息对国家债务的影响

作为国际认可度最高的货币，美元至今仍在各种国际市场上占据绝对优势地位，大多数国家在发行国家主权债务的时候都以美元计价，尤其是在执行美元持续宽松政策的时期。国际市场上的美元主导地位，导致各经济体失去了货币政策的自主权，货币政策被美国牵着走，特别是一些新兴市场国家。一旦这些国家在国际贸易、对外债务等方面对美国形成依赖，更是直接受到美国货币政策的控制。当美联储执行低息政策的时候，这些经济体便大势借入外债以填补国内的资金缺口。然而，这些国家金融体制发展并不十分完善，对于流入的国际资本缺少必要和有效的监管，导致其中有大量的投机和炒作资本，流向了地产、股市和期货等高杠杆的部门，滋生了虚拟经济泡沫。当美国调整货币政策，紧缩利率之后，资金便开始大幅回流，这些新兴市场国家同时面临债务到期的问题，美元兑本国货币的急速上升致使债务成本短期内剧增，最终酿成债务危机。

3. 美元加息对国际贸易条件的影响

大多数新兴市场经济体都存在经济结构过于单一，高度依赖资源出口的特点，大多数国家的出口贸易是以美元计价的。当美国经济走强之后，出现通货膨胀苗头，美联储倾向于提高利率给经济降温，此时大量资本流回美国，美元升值。至此，以美元定价的大宗商品价格将会同步上涨，新兴市场经济体贸易条件随之改善。一旦美元加息周期完结，经济增长放缓，国际社会对大宗商品的需求也会随之降低，商品价格也同步走低。一旦大宗商品价格下降，这些国家的贸易条件将会恶化，国际收支逆差，外汇储备降低。此时的经济体特别容易遭到投机资本的攻击，如果该经济体前期借入了大量的外债，那么此时债务问题叠加国际收支逆差，将会引发连锁反应，最终催生货币危机。

二、世界主要新兴市场经济体的金融危机梳理

1. 1980～1985 年的拉美债务危机

20 世纪中期以后，从二战中走出来的拉美国家为恢复经济发展，需要大笔的资金来进行战后重建。当时拉美国家各方面设施都很薄弱，工业基础也十分脆弱，各个领域都出现了大量的投资缺口。为了满足经济发展需要，拉美国家向欧美等发达国家借入了大量的外债，然而，这些以美元计价的债务却成了拉美国家的负担。随着利率不断上升和美元不断升值，致使拉美国家要多付数亿美元的利息，资不抵债的同时，拉美的债务压力已经上升到不可承受的地步。国内资本大量流出是造成此次债务危机的导火索，拉美国家被迫实行汇率贬值，并宣布中止偿还债务。

在 80 年代拉美债务危机爆发之后，在国际货币基金组织（IMF）的干预下，拉美各国实施了应急性的紧缩政策，包括减少开支，金融和贸易都实

行只出口、不进口的政策。经过一段时间的调整，拉美逐渐从外债负担中走了出来，国际社会也帮助拉美国家渡过了此次难关。

2. 1997 年亚洲金融危机

20 世纪 90 年代初，美元遭遇了巨大的贬值压力，受到美元币值下跌的诱惑，东亚国家都在不同程度上借入了相应规模的外债。与此同时，东亚一些国家出现了贸易逆差的现象，受此影响，这些国家的外汇储备不断减少。这两项因素叠加在一起，为危机的爆发埋下了种子。1995 年之后，美元开始走强，随着美元汇率的上升，亚洲国家的债务负担日益加重，贸易逆差影响下不断减少的外汇储备不足以支撑高昂的债务，各国政府无力维持币值的稳定。在投机资本的攻击下，亚洲金融危机一触而发①。与 80 年代的拉美债务危机类似，90 年代的东南亚各国过于相信美元会持续贬值，而持有美元外债会成为降低债务成本的最佳途径，却从未考虑过一旦美元急转升值会带来怎样的债务负担。美元作为一种国际上流通性最强的货币，各国纷纷将赌注压在美元汇率的浮动之上，丧失了一国调控外部经济形势的基本主动权，归根到底还是本国货币的国际认可度与价值远不及美元，于是最终出现了被美元牵着鼻子走的结果。

3. 2007 年次贷危机

2008 年的次级房贷危机是美国近些年来遭受的一次较为严重的冲击，究其原因，此次危机与美国自身货币政策的调整有着不可分割的关系。2001年恐怖袭击之后，美国联邦储备银行为了刺激经济，多次下调基准利率，利率一度降到近半个世纪以来的最低水平。如此廉价的利率水平造就了美国房地产市场的极端繁荣，人们开始疯狂购房。大量的消费者都是通过向银行办理抵押，进行贷款购房，最初银行的贷款对象只是那些信用资质级别较高的客户，很快这些客户被银行开发完毕；银行开始将目光瞄向了那些资质和级

---

① 杨童舒. 以美元为视角审视亚洲金融危机 [J]. 商业文化，2011（4）：120–121.

别较差的客户，为了助推房地产市场的迅猛发展，银行推出了多款衍生品抵押手段，将贷款多次拆分、打包，层层抵押，以致到了最后已经无法分辨出该贷款客户的真实情况。与此同时，由于贷款和信用链条过长，监管和审核机构也放松了对贷款人资质的审查，如此大规模的购房热潮，迅速催生了地产泡沫。

这种泡沫化的现象终于引起了政府当局的关注和担忧，从 2004 年 6 月开始，美国联邦储备银行开始调高市场利率。受到利率上升的影响，房地产价格开始回落，地产市场的热度也在不断下降。利息增加，意味着购房者的成本不断升高，而房价的回落则表明其资产额在减少，一正一负，导致许多贷款购房者的资产净值在下降，甚至从正转负，已经无力偿还到期的债务[①]。

从 2006 年之后，美国市场上由于次级贷款而引发的违约案例越来越多，随后就演变成了大规模的集体违约，导致大量的银行、信托部门等金融机构破产。2008 年次级房贷危机全面爆发，并迅速扩散至其他国家，最终酿成了全球的金融危机。美国的经济情况直接主导了全球经济的发展状况，而受到波及面最深的便是那些新兴市场经济体，之后爆发的欧债危机便是最好的例子。

4. 2009 年欧债危机

欧洲金融机构因保有大量的美国次级债务，2008 年美国次级房贷危机爆发后，欧洲大量金融机构受到了殃及，银行出现了大量的呆账坏账，企业纷纷破产，银行遭受了巨额损失。2009 年 3 月，道琼指数大幅度走低，同年 10 月，欧洲市场的主权债务危机发生了。紧接着，冰岛也出现了债务危机。自 2010 年以来，欧债危机的阴影一直困扰着整个欧洲市场，甚至是

---

① 邸佳伟，赵颖春. 次贷危机后美国金融监管体制改革对我国的启示［J］. 时代金融，2016
（12）：37，40.

全球的金融市场，冲击着市场的稳定，同时也延缓了欧洲经济发展的脚步。

欧洲的债务危机与 20 世纪 80 年代拉丁美洲国家的债务危机有很多相似之处，两次危机都是由一国宣布无力偿还外债引发的，两次危机的债务均是以美元计价的，而且危机的发生都与美国的货币政策有着脱不了的干系。可以说，美国联邦储备银行的利率政策在很大程度上影响了这些国家的利率走势，也影响了全球的资本流向，加大了这些国家的债务负担，最终酿成了危机。

5. 2014 年新兴市场货币贬值

2013 年下半年，美国联邦储备银行结束了量化宽松的货币政策，开始提高利率。如此一来，前期流入新兴市场经济体的国际资本开始大量撤离，很多新兴市场国家自有资金不高，经济发展严重依赖外援，外部资本的大规模集中撤离，对这些国家的经济建设和金融市场将是致命的打击。

国际资本在撤离前夕，在新兴市场国家外汇市场上进行汇兑，抛售当地货币，换回美元。如此大规模的操作，引发了当地货币汇率大幅度下跌。较 2013 年年初，到 2014 年 11 月的这段时间里，很多国家的货币都经历了大幅度贬值。例如，印度货币汇率下降 12%，南非货币汇率下落 20%，印度尼西亚货币汇率下调 22%，巴西货币汇率下跌 21%，阿根廷货币汇率下降 41%，土耳其货币汇率下跌 18%，俄罗斯货币汇率下降 35%[①]。汇率的贬值进一步加速了国际资本的流出，而资本的外逃又进一步强化了汇率的贬值，二者形成了螺旋式上升的局面。这些流出的资本一方面是为了寻求美国国内市场高额的利率回报，另一方面也是考虑到新兴市场国家不完善的投资环境，出于避险需求，尽量规避新兴市场经济体可能存在的风险。

---

① 郑冲. 新兴市场国家货币贬值原因、影响与启示［J］. 银行家，2014（12）：98 – 100.

三、新兴市场国家应对资本流出的监管经验

接连遭受金融危机的打击，一些新兴经济体也逐渐总结教训，在历次由美元货币政策引发的金融危机中采取了一系列的资本监管手段，为危机后建立新的金融市场秩序提供了宝贵的经验。

1. 有效的风险预警指标体系

在金融全球化的背景下，为应对可能出现的金融风险，很多国家建立了金融风险预警制度，通过建立审慎性监管和防御性的控制措施来应对金融危机挑战，其内容是对风险进行预先评估，再对风险进行监控，而后在风险出现之前进行预先评判。巴西作为新兴市场国家中金融自由化步伐较快的一个国家，不可避免地经历了一些金融风险，由此也建立了一套自己的风险监控和预警系统。

巴西的风险监控手段重点体现在对于货币风险的监控和预防方面。例如，货币监控指标主要包括周边国家的货币异动情况、主要区域货币的发行国家经济发展与外贸情况、本国对外出口状况、本国外汇流入情况、区域汇率制度的特点等[①]。在此基础上，对于可能发生的风险，巴西相关监管部门再据此给出合理的判断和反馈，协调相关部门做出一系列的防范预案，同时，对于可能出现的风险，有针对性地给出相应的解决办法。这一整套预警和风险防范系统，有效地帮助巴西应对和防范了很多可能发生的金融风险和危机。

2. 紧缩的货币和财政措施

紧缩措施主要指压缩公共开支，促进出口，限制进口等以防止资金外逃为目的的措施。减少财政赤字，鼓励出口与外商投资，限制资金流出是诸多

---

① 许传华. 开放条件下金融风险预警指标体系研究［M］. 武汉：湖北人民出版社，2012：86.

拉美国家在面对大量资本外流所采取的最直接方式，这些措施在短期内颇有成效，但长期实施起来有其局限性，并没有取得突破性的进展，而限制国内资金流出这种强硬的手段对国内的民营资本来说并不一定买账，容易扰乱国内的经济秩序，就长期来看并不具有实施的可行性。三十年过去了，国际经济环境也发生了巨大的变化，很少会有国家采取这类政府直接控制资本外流的手段了。

3. 禁止本国货币的离岸市场

马来西亚和泰国在面对 1997 年金融危机时均采取了全面禁止本国货币的离岸市场的措施。而泰国和俄罗斯则执行双重汇率安排，将在岸和离岸两个市场绝对分开。这样的安排能够最大限度地阻止通过离岸市场而出现的投机和炒作行为，降低国内的防御压力，一定程度上保证汇率的平稳。但这种将本国货币的交易活动限制在一国境内市场的做法，并不会降低国际投资者对货币看跌的预期，尤其是对于汇率跌损严重的货币，只会加剧这种趋势。全面的禁止令终将被限额令所代替。

4. 外汇缴纳存款准备金机制

在面对突如其来的欧债危机时，土耳其发明了一种称为"外汇缴纳存款准备金机制"的安排。按照通常的规定，为了防范存款挤兑或其他可能出现的风险，商业银行需要向中央银行缴纳存款准备金，这部分准备金通常是以本币的形式缴纳。土耳其这一新的制度安排，允许商业银行在缴纳准备金时综合采取外汇和黄金的办法，外汇在总准备金中的比例可以由各商业银行自行决定。而且如果采用外汇来缴存，还可以调整外汇与本币的折算汇率，这一比例由央行设定，事实上等同于设定了一个不同于市场上的通行汇率。这种灵活的汇率安排方式，给予了商业银行很大程度的便利，各银行可以根据当时的外汇成本来调整其在中央银行的缴纳比例，也给予了中央银行在传统的货币政策之外，一种新的干预和调控外汇市场的手段，试图发挥调节市场、稳定汇率的作用。

严格地说，外汇缴纳存款准备金机制依旧是一种保证国内资本账户时刻充足的机制，但这种将钱牢牢锁在口袋里的行为依旧无法从根源上解决货币汇率贬值的问题，即便国内资本保持了稳定，长期而言不可避免地会受到货币贬值风险的干扰。

5. 向外汇市场投放美元

很多新兴市场国家采取的都是固定汇率制，或者是盯住美元的汇率安排。在这种制度安排下，货币当局具有维持本国货币汇率稳定的义务和责任，当面临大量的国际资本撤资时，央行为了维持币值的稳定，需要紧跟国际资本的步伐，进行相应的对冲操作，每当有国际资本流出时，央行就需要在外汇市场投放等值的美元来回购本币，以防止本国货币贬值。这种操作会消耗大量的外汇储备，需要以强大的外汇为后盾来支撑，一旦外汇储备不足，就会引发汇率贬值。以阿根廷、巴西为代表的拉美新兴市场国家便调用了其美元外汇储备，向国际货币市场上大量投放美元，使美元的供给量整体增加，同时大量回笼本币资金，最终让美元兑本币贬值，在一定程度上缓解了本币汇率下跌的压力。但外汇储备干预并不是如人们想象得那么简单，其可以暂时延缓本币贬值的进程，却无法保证本国汇率一直稳定下去或升值。如果一旦国内经济的增长与发展进程无法跟上外汇储备投放干预的进程，这样的举措无外乎是在给国家财政无节制地"放血"。外汇储备的主要来源是一国的国际贸易盈余，通过国际收支顺差赚取外汇，来增加外汇储备库存。如果一国的对外贸易不能持续保持盈余，既无法保证外汇储备的稳定增量，又不停地在外汇市场上进行对冲干预，大量地消耗现有的储备余额，用不了太长时间，外汇储备的存量就会耗竭。

因此，外汇干预的手段仅宜作为短期控制住货币跌势的一种暂行措施，对长期控制住货币稳定不具有明显的效果。

6. 类"托宾税"工具

针对跨境资本大规模频繁流动及其给各国金融市场造成的冲击和破坏情况，学术界纷纷提出应该限制和管制资本跨境流动的建议，不同学者也对此给出了相应的方案。其中最为著名的是，1972 年詹姆斯·托宾提出了一种价格化管理的思路，其机理是通过对外汇交易征税，提高国际资本流动的代价，进而起到限制和延缓国际资本流动的目的，以此来维持金融稳定，并增强各国货币政策的独立性和作用效果。这一方案提出以后，立即得到了世界各国政府的响应，尤其是发展中国家，更是大力支持这一审慎监管的思路，该方案一方面能够有效地限制资本流动，起到稳定国内资本和金融市场的作用；另一方面也能够通过税收，充实国内的外汇存量。在具体应用上，各国根据自己的实际情况将该方案细化为各种不同的形式，以满足本国的需求。

在 1997 年东南亚金融危机中，韩国当局规定外国投资者在取得韩国国债和债券收益后，需缴存相应的预扣税，以此来防范投机性炒作和对本国货币的恶意攻击。巴西在推进审慎资本账户开放的进程中，以征税的方式对跨境资本流动进行宏观审慎监管，在拉美债务危机及 1997 年亚洲金融风暴中，他们选择降低资本流入税来阻止资本外逃。除了韩国、巴西实行的宏观审慎稳定税和预扣税之外，无息准备金也在新兴市场国家得到广泛施行。无论是预扣税还是无息准备金，都是通过提高跨境资本流动的成本来增加资本流动的阻力，从而达到控制资本流出的效果。

7. 限制外汇头寸

为应对 2008 年金融危机后资本流入的压力，韩国、秘鲁等新兴市场国家分别采取了限制外汇头寸的宏观审慎监管措施。所谓限制外汇头寸，即限制国内居民持有过多的外汇，典型表现为限制国内银行持有的外汇头寸比例。限制外汇头寸同样只能作为暂时性的手段抑制短期资本外流，暂时稳定住本国货币的贬值，长期而言效果甚微反而容易造成国内民营企业资金链的断裂，因此该措施依旧需要配合其他审慎监管手段共同实施。

四、中国对资本外流的监管借鉴

1. 对资本流动实行宏观审慎政策管理

国际资本流动滋生金融体系的脆弱性，宏观审慎政策旨在消除和纠正这种脆弱性。宏观审慎监管作为约束跨境资本流动的有力武器，在工具的选择上，具有至关重要的影响。可以说，工具的选取是否得当，将直接决定着监管的最终效果。国际市场上，很多学者和管理机构针对各国跨境资本流动的现状提出了相应的方案和工具选择思路，其核心的思想都是通过加大跨境资本流动的成本和阻力来起到限制资本流动的目的。上述工具都可以为我国的宏观审慎监管提供思路借鉴，也可以根据我国金融市场的实际发展情况和跨境资本流动特点来选取适合我国的政策工具或者工具组合。

宏观审慎监管政策涉及的范围较广，其作用的空间也有很大的延展性，该政策不仅可用于敏感或者危机时期的异常资本流动，也可用于实时监控资本流量的日常监管。该政策的作用效果明显，能够有效地对资本流动的各方面指标进行监控，而且能够在一定程度上引导和改变跨境资本流动的走向。

随着国际金融市场的联系日趋紧密，各国尤其是区域之间的经济联系不断增强，国际市场上某个国家或者地区的宏观审慎政策会影响其他地区的资本流动情况。此时各国的政策将不再是彼此孤立的，一国金融监管和货币政策的变化会影响到其他国家的金融政策，而其他国家的金融政策同样也会影响本国的监管政策和效果，这通常被称为政策的溢出和溢入。例如，当借款人发现本地银行的借贷成本由于宏观审慎限制上升后，会转向直接从外国银行借贷，或间接地通过外资银行在国内的分支机构（不受国内宏观审慎管制的金融机构）借贷。Forbes 等（2011）发现对巴西地区的资本管制，导致了投资者增加了在拉美其他国家的组合投资，可能是将金融脆弱性从一国转移到了另一国。当存在政策溢出的情况下，两国间的政策需要进行相互协调，即各国充分考虑彼此之间的经济联系，有意以互利的方式调整各自政策方案，谋求对彼此最为有利的解决方案。很多国家在监管过程中都出现了相似的情况，此时更需要国际协作与配合。国际协调机制的建立不仅能够有效地起到调控效果，还有助于降低金融风险。

2. 实行资本管制，稳定汇率与经济金融系统

从资本管控的作用效果来看，监控资本流出在操作起来会更加困难，实际效果也更差。而从对经济系统的实际影响上来看，资本流出对一国经济的冲击和破坏程度要远远超过资本流入带来的影响。如果出现大规模的国际资本外逃，政府当局往往需要在外汇市场上进行对冲干预，以维持本国货币的汇率稳定，如此一来，将极度考验本国的外汇储备存量。与此同时，还有可能干扰到本国的货币政策作用效果，影响政府对国内经济的调控。

因此，出于上述目的，很多国家在管理国际资本流动的过程中，都倾向于选择资本管制的思路，一来可以有效防控国际资本的异常流动，稳定国内金融市场；二来可以保证国内经济政策的作用和实施效果。在 2014 年末出现的新兴市场国家资本流出浪潮中，我国国内金融监管部门第一时间采取了资本管制，严格限制资本外流，管控企业的结售汇操作。这一系列的资本管制措施，有效地在短期内遏制了人民币贬值的压力，防止了国际资本的外逃趋势。

第二节　发达经济体应对资本流出的调控经验

我国当前正处于人民币国际化进程的关键阶段，参考国际上的经验，一

国货币要想稳定地在国际流通，维持本国币值的稳定是十分必要的。在这一问题上，很多国家在本币国际化的进程中，都不同程度地对货币和国际资本流动进行了严格监管，以确保币值的稳定，最终成功实现了本币国际化，例如美国和欧盟。相反的案例是日本，随着日本经济的崛起，日元不断走向世界，大有成为世界货币的趋势。然而在日元国际化的过程中，日本政府却对跨境资本流动疏于管制，不仅酿成了巨大的资产泡沫，冲击了国内经济稳定，更是引发了危机，最终延缓了日元国际化的进程。上述这些国家和地区的经验和教训为我国在人民币国际化的过程中完善跨境资本流动监管给出了如下启发。

一、在岸市场与离岸市场的风险隔离

美元作为国际上流通性最高的货币，以美元兑换各国货币的汇率为基础的投机性交易更是不在少数，每天都有巨额的美元在国际流动，势必会对美国国内市场的稳定性造成影响。针对这一风险因素，美国当局采取了在岸市场与离岸市场两套交易体系，即流通在美国境外的那部分美元交易是无法进入境内的，这种做法成功地避免了投机性活动引起的资本流动风险。在1997年的东南亚金融危机中，泰国等部分国家也曾尝试过禁止本国货币的离岸市场交易，以达到风险隔离的效果。但切断了本国货币在境外流通的渠道，直接造成了一国货币的贬值，这也是后期泰国国内经济衰退的重要原因。自人民币加入特别提款权货币篮子以来，人民币开始了新一轮国际化推进的进程，作为未来将与美元比肩看齐的一种国际化货币，人民币的汇率浮动更是成为众多金融投机者们虎视眈眈的对象，如何控制离岸市场带动的货币不稳定因素是下一步要克服的一个重大难题。美国的双市场隔离手段固然被实践证明为抑制风险的有效手段，但中国的金融市场成熟度远不及美国，借鉴并寻找一套适合本国国情的监管体系才是眼下最正确的道路。

二、主管部门的监管与政策的实施双管齐下

短期内国际资本流动的监管需要一国金融监管部门及时地制定有效政策并采取严格的管控手段，如涉及资本跨境流动的活动必须经过主管部门的审批并提高资本流动的税率，贸易的进出口层面增加多道行政许可，外汇的流动与转移必须以一定额度来计算，通过足额的银行存款来计算可获得的外汇配额额度。对于当前人民币资本的外流问题，更多的是发达国家货币政策牵引出的短期资本回流现象，因此制定一些灵活性的政策措施来抑制货币的回流不失为当前最有效的手段。

第三节　中国应对资本外流的精准监管策略选择

一、长期以预防为主，提高监测能力

1. 从关注流入监测转为双向监测

改革开放之后，特别是入世以来，我国经济形势总体向好，经济增长连年保持7%以上的增长速度，国际贸易也是连续顺差。截至2010年，我国的国际收支账户已经持续了十多年的顺差局面，不仅经常账户盈余，资本和金融账户也是连年盈余，这表明国际资本在不断地流入国内。因此，长期以来，我国对国际资本的监控重点都放在监控流入环节，即防止大规模流入引发的国内经济过热、造成的资产价格泡沫等相关问题。对外汇储备的探讨也是如何有效地利用高额的外汇储备，预防汇率升值，实现外储的投资增值。

然而，正如我们在前文分析的，自 2010 年开始，我国的国际收支局面发生了变化，资本和金融账户出现逆差，这表明国际资本已经出现了净流出的情况，且这种情况一直持续到了 2016 年。与此同时，从 2014 年下半年开始，我国外汇储备余额转为总体下降。

针对这一时期国际资本出现的净流出现象，我国对资本流动的监管方案也需要做出相应的调整，即监测的重点应该由前期的监控流入为主，转为双向监测，即同时监控资本流入和资本流出两方面。

2. 提高资本流动监测分析能力

关于国际资本流动的监测，国际上最常用的方法和数据就是采用国际收支平衡表的数据，但鉴于国际收支平衡表数据的频率有限，仅有年度和季度的数据，因此，实际应用中，很多机构会采用银行结售汇的月度数据，同时结合跨境收付的月度数据，来从不同视角、不同期限和不同维度上，对我国跨境资本流出的现状与规模进行衡量和测算。此外，在不同类别的资本流动中，相较于直接投资类的长期资本流动，以证券投资为代表的短期类型资本流动更受到关注，这是因为相比于长期资本，短期资本更易于大幅波动，产生的短期突然逆转也更具冲击性和伤害性。因此，对于这类资本的流动我们需要重点监控。

近年来，随着交易工具的发展和金融衍生品的出现，加之日趋严格的监管，跨境资本流动的类型变得更加多样化和复杂化，很多非法的资本流动通过伪装成各种名目，隐藏在一些合法的交易中。例如，一些跨境资本借用外贸顺差（虚假交易）、合格境外机构投资者（QFII）的身份以及通过贷款项的境外融资等方式流进流出，这给相关的监管工作带来了很大的挑战。因此，在监管环节，当局还需要对这些类型的资本仔细甄别，去伪存真，对其真实性质进行严格核查。

二、短期内重视危机预警和主体管理能力

1. 完善国际收支监测预警体系

20 世纪 90 年代以来，新兴市场国家因国际收支问题而引发的危机不在少数，很多时候危机都是没有任何征兆地突然爆发，发生危机的经济体几乎没有时间寻找临时的应对措施和方案，给各国的经济造成了无以挽回的巨大损失。因此，历史上的经验表明，建立一个有效的系统，对国际收支的情况进行实时监控和预警，有助于对危机进行有效的预防，在最大可能的程度上降低相关风险。

在设计监控和预警系统时，要考虑的几个关键因素包括：

（1）选取合理有效的监测指标。完善的监测预警指标需要给相关部门留出足够长的时间对可能发生的危机做出反应，包括建立应对预案，给出解决办法，落实相关的补救措施等。综合考虑这些需要的时间，一个有效的预警机动时间需要在危机前 1～2 年给出报警信息，如此一来，社会各相关部门才能有充裕的时间来做出应对；

（2）预警系统的准确性。除了保证实施危机防范所必需的时间，预警系统的真实准确也是一个好的预警系统所必备的要素；

（3）预警系统需要指标的可得性。一个好的监测系统必然是建立在对相关指标和数据进行分析、判断的基础上，这些指标和数据的可得性也是判断一个系统好坏的关键。一个可行性的监控和预警体系应当是建立在对现存的可得数据观测和追踪的基础上。

（4）结论的可靠性。国际收支预警和监控系统的设计，目的是对可能发生的国际收支风险进行提前预判，对危机进行提早防范。该体系应对危机的方向给出一个基本的判断，包括危机的程度和未来的走势。

2. 加强主体监测与分析

对国际资本流动的监管，事实上是对资本流动主体即资金持有者的监管。正如前文分析提到的，随着当前金融衍生工具的发展和交易形式的多样化，越来越多的非法资本流动被隐藏在各种各样的合规投资中，通过身份的变化来躲避监管方的追查，以此达到转移资本的目的。因此，在监管环节，需要重点对交易主体进行监测和分析，对可疑交易者的身份进行核查，对一些大额的、频繁的交易进行重点追查和监测。通过多种渠道，对一段时期内的交易进行追踪和剖析，结合大数据分析的结论，对交易主体的交易动机和交易行为进行全面分析和掌控。

第九章

完善商业银行风险防控

第一节　信用风险防控

一、我国商业银行信用风险防控现状

自改革开放以来，我国银行业的发展取得了显著成绩，但与发达国家相比，我国银行体系的相关制度和发展尚不够完善。在经济全球化的背景下，特别是随着国内经济发展进入新常态阶段，经济增长的压力不断增加，大量企业面临着生存的压力，由此商业银行所承担的信用风险也相应上升。早些时候，我国商业银行主要通过约束批复的贷款规模来防控信用风险，但随着银行业的不断发展，我国商业银行开始不断关注自身面临的信贷风险，总结改革开放初期的经验，主动对信贷风险进行防控。

早在 1996 年，中国人民银行就出台过相关法案和条例①，加强对信用风险的防控。2003 年 4 月 25 日，成立银保监会，进一步加强了对信用风险的监管。伴随着巴塞尔协议在全世界的推广，我国商业银行结合自身实际，不断探索符合我国实际发展的信用风险防控方案。2010 年以来，我国商业银行信用风险变化较大，逐渐暴露出我国商业银行现行的监管方案仍存在很大问题；我国遵循了巴塞尔协议在 2017 年的新规定，并将其与我国五级分类体系相结合，银保监会重新扩展了对风险分类对象的范围，更便于商业银行监控其所有资产的信用风险，并有目的性地进行防控。

根据中国银行保险监督管理委员会网站数据，2010 年 1 月至 2020 年 9 月，我国不良贷款额整体呈现增长趋势，尤其从 2014 年 9 月至 2016 年 3 月出现大幅度增加，自 2015 年 4 月开始，不良贷款额超过 10000 亿元，高额的不良贷款为银行敲响了警钟，要时刻关注对于信用风险的防范（见图 9 - 1）。

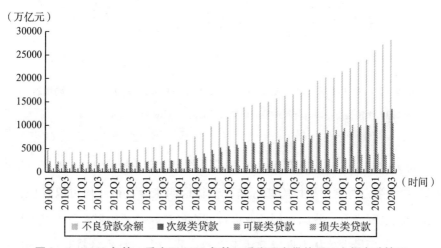

图 9 - 1　2010 年第一季度至 2020 年第三季度不良贷款项下金额变动情况

资料来源：中国银行保险监督管理委员会官网（http：//www. cbirc. gov. cn）。

---

①　包括 1998 年颁布的《贷款风险分类指导原则》，2000 年颁布的《不良贷款认定暂行办法》，和 2007 年颁布的《贷款风险分类指引》。

根据图9-2，2010年1月至2011年9月，我国商业银行的不良贷款率有所减少，但从2012年1月又开始出现上涨，2013年1~3月不良贷款率为1%，并自此之后不断上升，在不良贷款率项下，各类子类贷款的波动趋势较为相似，都呈现出自2012年第一季度之后不断上升的趋势，虽然2017年、2019年曾出现过短暂的下降，但在2020年又出现了回升的情况。

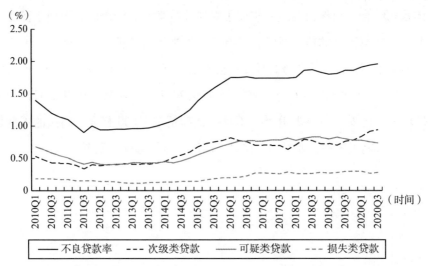

图9-2　2010年第一季度至2020年第三季度不良贷款率及其项下变动情况

资料来源：中国银行保险监督管理委员会官网（http：//www.cbirc.gov.cn）。

表9-1~表9-4分别反映我国不同类型的商业银行2016年第一季度至2020年第三季度信用风险指标情况，将这四张表进行对比可以发现，从不良贷款余额来看，我国大型商业银行的不良贷款余额最多，我国城商行的不良贷款余额最少。从不良贷款比率来看，我国农商行不良贷款比率最高，其他类型商业银行不良贷款比率相似。从拨备覆盖率来看，我国城商行拨备覆盖率最高，其他形式商业银行拨备覆盖率相差不大。

表 9 - 1 我国大型商业银行 2016 年第一季度至 2020 年第三季度信用风险

时间	不良贷款余额 （NPL 余额，亿元）	不良贷款率 （NPL 比率，%）	拨备覆盖率 （%）
2016 年第一季度	7544	1.72	162.62
2016 年第二季度	7595	1.69	163.88
2016 年第三季度	7658	1.67	162.46
2016 年第四季度	7761	1.68	162.61
2017 年第一季度	7898	1.64	166.36
2017 年第二季度	7872	1.60	168.02
2017 年第三季度	7714	1.54	175.22
2017 年第四季度	7725	1.53	180.45
2018 年第一季度	7820	1.50	198.96
2018 年第二季度	7886	1.48	202.20
2018 年第三季度	8018	1.47	205.94
2018 年第四季度	7744	1.41	220.08
2019 年第一季度	8095	1.32	240.44
2019 年第二季度	7940	1.26	250.69
2019 年第三季度	8484	1.32	240.20
2019 年第四季度	8959	1.38	234.33
2020 年第一季度	9553	1.39	231.70
2020 年第二季度	10240	1.45	227.97
2020 年第三季度	10822	1.50	221.18

资料来源：中国银行保险监督管理委员会官网（http：//www.cbirc.gov.cn）。

具体来看，表 9 - 1 显示出大型商业银行在 2016～2020 年，不良贷款的余额总体呈现一种上升的趋势，但不良贷款的比率却总体上在下降，这表明在大型商业银行的总贷款中不良贷款的比例在不断下降，监管的力度有所增加。此外，银行的拨备覆盖率在不断上升，也表明大型商业银行对于风险管控的力度在不断增强。表9-2给出了我国股份制商业银行的相关风险防控情况，总体来看，股份制商业银行不良贷款的余额在不断上涨，但不良贷款的比率呈现先升后降的一个状态，拨备覆盖率在持续上升，这类银行对于信用风险的管控水平也在不断提高；与上述两类银行的情况有所不同，表9-3、表9-4显示的城商行和农商行，在样本期间内的不良贷款的余额和不良贷款的比率都在持续上升，但拨备覆盖率却整体上呈现下降的一个态势，这表明尽管信用风险的程度在提高，但这两类银行对于风险的管控力度却在下降。

表9-2　　我国股份制商业银行2016年第一季度至2020年第三季度信用风险

时间	不良贷款余额 （亿元）	不良贷款率 （%）	拨备覆盖率 （%）
2016 年第一季度	2825	1.61	179.14
2016 年第二季度	2959	1.63	178.88
2016 年第三季度	3170	1.67	178.93
2016 年第四季度	3407	1.74	170.40
2017 年第一季度	3593	1.74	175.22
2017 年第二季度	3701	1.73	175.52
2017 年第三季度	3887	1.76	173.43
2017 年第四季度	3851	1.71	179.98
2018 年第一季度	3980	1.70	193.11
2018 年第二季度	4122	1.69	188.07
2018 年第三季度	4292	1.70	190.47

时间	不良贷款余额 （亿元）	不良贷款率 （%）	拨备覆盖率 （%）
2018 年第四季度	4388	1.71	187.41
2019 年第一季度	4569	1.71	192.18
2019 年第二季度	4601	1.67	193.01
2019 年第三季度	4668	1.63	198.77
2019 年第四季度	4805	1.64	192.97
2020 年第一季度	5052	1.64	199.89
2020 年第二季度	5169	1.63	204.33
2020 年第三季度	5317	1.63	199.10

资料来源：中国银行保险监督管理委员会官网（http://www.cbirc.gov.cn）。

表 9 - 3　　我国城市商业银行 2016 年第一季度至 2020 年第三季度信用风险情况

时间	不良贷款余额 （亿元）	不良贷款率 （%）	拨备覆盖率 （%）
2016 年第一季度	1341	1.46	217.08
2016 年第二季度	1420	1.49	216.78
2016 年第三季度	1488	1.51	218.48
2016 年第四季度	1498	1.48	219.89
2017 年第一季度	1608	1.50	216.01
2017 年第二季度	1701	1.51	211.81
2017 年第三季度	1765	1.51	216.20
2017 年第四季度	1823	1.52	214.48
2018 年第一季度	1943	1.53	231.55

时间	不良贷款余额 （亿元）	不良贷款率 （%）	拨备覆盖率 （%）
2018 年第二季度	2089	1.57	207.89
2018 年第三季度	2370	1.67	198.85
2018 年第四季度	2660	1.79	187.16
2019 年第一季度	2968	1.88	179.26
2019 年第二季度	3771	2.30	149.26
2019 年第三季度	4214	2.48	147.99
2019 年第四季度	4074	2.32	153.96
2020 年第一季度	4519	2.45	149.89
2020 年第二季度	4410	2.30	152.83
2020 年第三季度	4513	2.28	154.80

资料来源：中国银行保险监督管理委员会官网（http://www.cbirc.gov.cn）。

表9-4　　我国农村商业银行2016年第一季度至2020年第三季度信用风险情况

时间	不良贷款余额（亿元）	不良贷款率（%）	拨备覆盖率（%）
2016 年第一季度	2060	2.56	185.83
2016 年第二季度	2237	2.62	185.51
2016 年第三季度	2464	2.74	183.92
2016 年第四季度	2349	2.49	199.10
2017 年第一季度	2589	2.55	194.60
2017 年第二季度	2976	2.81	179.91
2017 年第三季度	3238	2.95	177.57
2017 年第四季度	3566	1.53	180.45

时间	不良贷款余额（亿元）	不良贷款率（％）	拨备覆盖率（％）
2018 年第一季度	3905	3.16	164.31
2018 年第二季度	5380	4.29	122.25
2018 年第三季度	5534	4.23	125.60
2018 年第四季度	5354	3.96	132.54
2019 年第一季度	5811	4.05	128.50
2019 年第二季度	5866	3.95	131.52
2019 年第三季度	6146	4.00	130.81
2019 年第四季度	6155	3.90	128.16
2020 年第一季度	6831	4.09	121.76
2020 年第二季度	7365	4.22	118.14
2020 年第三季度	7514	4.17	118.62

资料来源：中国银行保险监督管理委员会官网（http：//www.cbirc.gov.cn）。

上述图表的变化可能与商业银行进行风险防控的复杂性相关，商业银行所面临的外部经济环境较为复杂，而商业银行随着经济发展不断扩大经营的业务范围，逐渐显现出内部结构性问题，这会对商业银行信用风险的防控产生一定的压力，商业银行要不断提升对新增业务融资投向的把控能力。银行往往为客户提供多种金融产品，为客户融资提供便利，但由于客观存在的监管和统计问题，商业银行一般很难把控客户具体的融资情况。另外，借款人往往通过财务造假的方式刻意隐瞒自己真实的财务状况，而这无疑加重了商业银行反假的压力，而商业银行对反假的监管尚存在一定不足，难以做到及时的监管和预警。更进一步地，商业银行承担的信用风险往往与市场风险纽结在一起，导致信用风险防控的复杂性也在不断增加。

在我国商业银行中，中国工商银行一直是信用风险防控做得较好的单位。近年来，工商银行一直致力于对信用风险有效防控，并始终坚持"即知即改，立行立改，一改到底"的原则。2003 年，中国工商银行开始建设银行数据库，综合采用多方位的信息系统对银行客户的相关信息进行收集、监控、整合和管理。这一数据库能够自动对客户的资质进行分级，对客户的相关条件进行识别，满足银行关于客户信息管理的相关要求，甚至能够实现跨行信息匹配和控制，使银行的信用风险得到了有效的防控。

在大数据技术的辅助下，中国工商银行能够对整个银行的各项贷款和投资业务进行全面监控，可以对信用风险进行及时监测和预警，最终实现有效的防范。在此之前，我国各大商业银行基本是通过事后防控的防范来管控信用风险，但传统的防控手段会面临着信息不对等、预见性较低等问题。2014年，工商银行成立了第一家专业性质的信用风险监控中心。该中心极大提升了工商银行对于信用风险管理和防范的效能，整个风险管理水平都实现了极大程度的提升。

二、信用风险的防控建议

1. 关注数据积累及提升信用风险预警能力

目前，我国商业银行储存的历史数据期限较短，与巴塞尔协议要求的 5 年期历史数据还存在一定差距。我国商业银行存储的数据说服力较低，数据问题成为防控信用风险首先要解决的问题。商业银行应高度重视数据积累，逐渐建立完善的数据库，来保障所得历史数据的准确及全面，并基于积累的数据来建立适合我国商业银行的信用风险监控模型，将信用风险控制在一定的范围内。同时，综合借助于大数据、人工智能等高端技术，保障数据的真实性，不断提升风险防控水平。

除此之外，商业银行也需要进一步提升自身风险预警能力，全面完善风险预警机制，从贷款规模来看，需要考虑借款人的真实财务状况、贷款资金去向、借款人的综合还款能力等因素，通过定量与定性分析相结合来确定具体的贷款规模。此外，商业银行可以通过开展低风险业务降低信用风险①。一旦借款人出现违约的情况，银行可以主张自行行使对所交存的100%保证金的处置权，这可以有效地降低信用风险。同时，商业银行可以结合自身的发展定位和业务模式，构建完备的信用风险评估和监测机制，实时对银行涉及的信用风险进行监控和评估，来提升信用风险的预警能力。

对于一些涉及抵押物权的贷款合约，商业银行需要严格评估抵押物的价值，审核质押物权益的客观性、合规性和可行性，并根据抵押物的性质和特点，及时重新估价。一旦发现抵押物价值跌落的程度会影响到贷款合约的执行风险时，要果断采取相应措施止损。通过增加风险消减措施，可以一定程度保障贷款的安全，对信用风险的防控也起到促进作用。2007年9月，我国正式提出差别化信贷政策，差别化信贷政策使得对商业银行投放到房地产行业贷款的水平得以有效约束，而商业银行也应该主动采取预警措施，通过区域化风险防控、提出预警方案等途径来加强对信用风险的防控。可构筑稳固的银行体系，推进银行业避险工具的设计与创造，提升抵御风险的能力，加强对资本流出冲击风险的防范与预警，对各级银行机构的风险管理工作动态考评，做好对银行各类风险的识别、计量、监控和应对。

2. 注重贷前风险调查，贷后进行动态跟踪

魏灿秋（2003）认为，商业银行防控信用风险第一步是防止过度融资，使贷款流向真正需要的地方。因而，在贷款前也需要进行信用风险的防控。贷前防控第一步是进行贷前调查，林丽丽（2013）研究发现，若是个人借

---

① 张曲. 商业银行信用风险预警运行机制的研究——以某国有商业银行为例 [J]. 金融经济, 2016 (4)：112 –115.

款，商业银行可以查询借款人以往的诚信记录，了解借款人的社会关系及借款人是否具有实际的还款来源进行调查。若是企业借款，贷前调查较为复杂，首先要审核企业的经营资质，其后，要对企业过往的征信记录进行调查，还应该去企业进行考察，知晓企业详细的生产运转模式，还可以申请查看企业的财务报表，明晰企业具体的财务水平，这些相关问题的审核将直接影响商业银行是否决定批复贷款，对于那些虚报和造假的情况应通过贷前的调查来进行信用风险防控。

贷后管理同样也需要引起关注，对贷后管理的疏忽会诱发信用风险的发生。商业银行可以借助征信数据系统或是对借款企业进行实地考察等方式来进行贷后动态跟踪调查，及时了解企业经营状况、商业信用、还款能力等方面的变动情况，便于商业银行迅速对贷款是否能收回做出及时、准确的预判，并对潜在的信用风险进行预测，做好相关的准备工作，一旦出现预兆，第一时间通知借款方降低贷款甚至撤销贷款。

3. 促进内部评级和外部评级的发展

2007年中国银保监会提出相关要求，规定我国商业银行要在巴尔塞协议的基础上不断完善银行业的内部评级体系。随着我国商业银行十几年来不断地努力，我国商业银行内部评级体系得到了较大的发展，但由于发展的时间较短，尚存在一定的不足之处。为了提升商业银行的内部评级系统，我们应该对银行内部的治理结构进行优化，加大管理层对内部评级体系相关工作的了解和介入程度，这有助于商业银行管理者风险防控意识的提高及在未来工作中不断提高风险管理能力。同时，可以借助上级部门保障内部风险评级相关工作的独立性，改进商业银行内部治理结构。中国银保监会应建立符合中国商业银行发展的反馈机制，发挥对商业银行内部评级监督作用，定期要求商业银行进行信息的反馈，中国银保监会根据商业银行所反馈的信息，了解商业银行内部评级体系运行中存在的问题，监督商业银行进一步完善内部评级体系，提升防控信用风险的能力。我国商业银行也应总结其他国家银行体系内部评价体系的经验，结合我国的宏观经济政策，不断完善现有的内部评级标准及分类，并将规模、行业等差异考虑在内，不断提高内部评级体系的时效性，不断完善我国内部风险评级体系。

外部评级机构的结果对于完善银行业的监管而言，至关重要，一些监管机构要善于结合和利用这些外部机构的评级结果来实现对银行体系的监管。在我国建立内部评级体系之初，对外部评级机构的依赖性很强，随着我国内部评级体系的不断发展，外部评级机构仍然可以辅助内部评级体系，这是因为外部评级机构拥有更多精细化的评估人才，往往能掌握较全面的相关信息，使得评级结果更加全面，对商业银行信用风险的防控仍有重大意义。我国在大力培育外部评级机构的同时也不可忽视对外部评级机构的规范及监管，可以对评级机构进行等级管理，淘汰那些低级的外部评级机构。外部评级机构也应清楚知晓银行的内部评级体系更新，不断更新外部评级体系，并对机构人才进行长期培训，保障外部评级的准确性。同时，外部评级机构可以发挥其自身的优势，与商业银行进行配合，可以为商业银行提供相关衍生产品及服务。内外评级的协同发展，可以更好地对我国信用风险进行管控。

4. 加强统一授信的管理

作为管控信用风险的重要工具，统一授信通过采取核查最高授信额度的方法，对一个地区采取集中授信的管理方案，这可以有效地解决商业银行内部存在的关于多头授信和分散授信的问题，有助于完善商业银行的信用风险管理体系[①]。相反，多头授信和分散授信会诱发信用风险，因而统一授信的实施可以防控信用风险的发生。完善统一授信的管理工作，应严格把控集团客户授信额度，商业银行应根据所获得分配的额度来对已获得额度的客户进

---

① 朱强标. 统一授信：控制银行信贷风险的现实选择 [J]. 财经理论与实践，2003（6）：32－34.

行授信。而对集团客户信用风险的评价，应不断完善和统一标准，细化对具体业务的风险评估，利于做出正确的授信决策，有效地进行信用风险防范。改进统一授信的管理，关注对客户负债总额的核查，对借款人未来所要承担的债务进行预测，对借款做出相应的约束，这可以有效地降低信用风险及其带来的损失。改进统一授信的管理，商业银行的目光不应局限于对借款人还款来源的考量，应细化借款人的担保条件，了解担保人是否具备相应的条件。对集团实行统一授信，不代表商业银行信用风险的消失，应加强对客户授信的动态管理，及时了解借款人的资信变动，全面掌握借款人的授信信息，将借款人的授信额度限定在可控范围之内，并对借款人的授信进行动态的调整，不断实现动态的统一授信管理。

5. 加强信贷文化的建设，培养专业性风险防控人才

商业银行的发展以及信用风险的防控都离不开信贷文化的建设，信贷文化的建设应立足于商业银行的长期发展战略目标，其一般为商业银行将长期持有良好资产并为股东创造价值。围绕战略目标制订符合实情的可行的信贷业务发展计划。对加强对我国商业银行信贷文化建设最关键的一步是强调诚信原则的重要性，尤其对于商业银行信贷部门，更应该始终坚守诚信原则，同时在信贷工作中信贷人员也要关注借款人的诚信，可以大大降低银行信用风险带来的损失。科学有效的管理体系对商业银行信贷文化的建设有着重要意义，完善科学有效的管理体系能使得信贷业务更加公开及透明，利于对信用风险的防控。而加强对商业银行信贷文化的建设还应该关注对信贷部门员工风险防控意识的培养，可以通过一些激励手段，加强对信贷人员学习意识和创新意识的培养，这将有利于信贷人员在信贷工作中更加细致，对借款的情况进行更详细的调查，在调查方式上也可以选择多种方式，确保信息的真实性，即便是对银行老客户的调查信贷人员也应重新进行评估，责任意识可以促进风险防控意识的不断形成，降低信用风险的损失。不断完善信贷管理过程中的奖惩制度，提高信贷员工的合规意识，而赏罚分明可带动信贷部门

员工的积极性，有利于信贷人员在信贷管理过程中及时发现潜在的信用风险，加强对信用风险的防控。

我国商业银行应大力培养专业性信用风险防控人才，可以通过制订相应的人才培养方案，时常展开对信贷员工的培训，在专业知识和技术能力等方面进行训练，并定期对他们进行考核，可同时制订相应的激励计划。根据考核的结果进行分级奖励，同时给他们提供出国深造的机会，既带动信贷部门的积极性，又强化了他们对信用风险的防控意识。商业银行也需要结合实际的发展情况建立适合自身的人才选拔制度，通过为员工制订和提供长期学习计划等工作，来培养专业性风险防控人才。

第二节 商业银行的市场风险

一、我国商业银行市场风险防控现状

近年来，我国商业银行的运营逐渐不再局限于传统的存贷款业务领域，而是更多地向市场化的方向发展，且呈现出专业化的潜质。

在这过程中，商业银行将不可避免地涉及市场化相关的风险，包括常见的利率风险、汇率风险等。因而，加强对商业银行市场风险防控也成为维持商业银行系统稳定至关重要的一环。通常来看，累计外汇敞口头寸比例和市场风险加权资产这两个经济指标可以看作是反映商业银行市场风险的重要参照。通过表9-5可以发现，自2015年第一季度以来，我国累计外汇敞口头寸整体呈现先增后减的趋势，而市场风险加权资产整体呈现增长态势，这表明我国商业银行仍需加大力度对现有的日益增强的市场风险进行有效防控。

表 9 – 5　　我国商业银行在 2015 年第一季度至 2020 年第三季度间市场表现

时间	累计外汇敞口头寸比例（%）	市场风险加权资产（亿元）
2015 年第一季度	2.98	7929
2015 年第二季度	2.97	8354
2015 年第三季度	3.55	8598
2015 年第四季度	3.67	8613
2016 年第一季度	3.71	10029
2016 年第二季度	3.06	9593
2016 年第三季度	3.24	10681
2016 年第四季度	3.54	12053
2017 年第一季度	3.22	11871
2017 年第二季度	3.14	11866
2017 年第三季度	2.95	12553
2017 年第四季度	2.54	13242
2018 年第一季度	2.38	14086
2018 年第二季度	2.32	14171
2018 年第三季度	2.24	16675
2018 年第四季度	2.44	17386
2019 年第一季度	2.49	20216
2019 年第二季度	2.54	19873
2019 年第三季度	2.41	20152
2019 年第四季度	2.66	21789
2020 年第一季度	2.66	23778
2020 年第二季度	2.75	24270
2020 年第三季度	2.36	22370

资料来源：中国银行保险监督管理委员会官网（http://www.cbirc.gov.cn）。

自 2000 年以来，我国银保监会陆续出台了一些规定，对商业银行市场风险管理进行了明确的限制，在各监管部门及商业银行自身的努力下，我国商业银行市场风险的防控技能得到了一定提升。我国商业银行市场风险管理涉及利率、汇率、金融衍生产品等多种风险的防控，需要对市场风险模型进行精准的测算，因而，需要进行历史数据的积累以及信息系统的完善。受益于大数据的相关技术，我国商业银行逐渐积累了大量的客户历史数据，相关数据不仅容量增大，而且涉及范围更广，数据的规模也日益增加，但商业银行在对数据的利用方面仍存在一些问题。商业银行没有对近年来迅速积累的大量数据进行有效的规划，数据管理较为松散，标准不一。对于数据的收集往往采取固有的渠道，渠道呈现单一粗放的特征。而收集的数据大多是结构化数据，非结构化数据较少。商业银行还存在对积累的数据挖掘程度不深、针对性数据缺乏等问题。

根据第五章相关的理论分析可以发现，市场风险一般是由于市场价格的变动而引发的相关风险。对此，商业银行可以通过对内部资金转移定价进行管理，来分散内部资金的使用途径，实现对市场风险的防控，目前，以民生银行为代表的一些商业银行依据对市场利息调整的推断来配置资产负债的组成，对资产的出处和走向采取集中的调控方案。通过对内部资金转移定价的方法可以由总行掌控一切资金的调拨，大大减轻分行部门的工作量，不仅可以有效环节资金不足的问题，还可以按照每家分行的资产状况来进行调配，达到最优化的资产组合方案，这能够极大程度地降低市场风险。

我国商业银行通过制定合理的全额资金管理模式对内部资金转移定价进行管理来实现对市场风险的有效防控。基于利率市场化的背景，我国商业银行需要重新思考现有基准利率选择的问题，而内部资金转移定价体系的价格调整仍需要进一步的规范和完善，以克服内部资金转移定价系统目前本身存在的一些细节性和制度性缺陷，包括建立起相应的利率风险化解体系。

目前，我国各大商业银行构建了不同的管理机构来应对可能出现和存在的市场风险。中国工商银行通过层层汇报工作，逐级负责，形成最终决策的机制来管控市场风险。而中国工商银行分行也设立了风险防控和监管部门，同时向分行负责单位和上级风险负责机构进行汇报。中国建设银行采用纵向垂直的治理模式来管控市场风险，成立专门的风险管理委员会负责制订管理方案，按时评测银行可能存在的市场风险。中国银行采取分散化的模式来防控市场风险，除了设置专门的风险政策委员会之外，还有各部门对市场风险进行常态化监控。中国农业银行采取董事会统一负责制，其他部门配合的方式来管理。虽然我国商业银行在市场风险防控方面取得一些成果，以我国四大商业银行为代表的市场风险管理模式各有特色，但相关的制度和组织架构却并不完善，各商业银行缺少独立统一的市场管理部门，也不具备有效的风险防控手段。相比于信用风险，我国商业银行对市场风险的了解和关注程度不高，往往对信用风险防控投入较多的精力，而在市场风险防范预警的制度建设、组织架构设计和人才配置等各方面都有所欠缺。

从市场风险防控人员角度来看，我国商业银行市场风险防控工作主要由商业银行的内部员工来负责，因而内部员工的市场风险防控能力会对商业银行市场风险防控水平产生一定的影响。虽然我国商业银行在经历市场化之后，商业银行内部员工对商业银行市场风险防控能力有显著的提升，但仍存在市场风险意识淡薄、市场风险防控专业人才缺乏、风险文化氛围不足等问题。

二、市场风险防控建议

1. 推进大数据平台的建设及应用

近年来，银行业的发展逐渐出现移动化、网络化、智能化的趋势，我国商业银行承担了加速传统商业银行数字化转型的任务，商业数字化转型第一步是进行大数据平台的建设，因而，需推进大数据平台的建设，我国商业银行可以利用大数据平台更好地进行市场风险的监控，提升商业银行市场风险的防控能力。

建设大数据平台需要对我国商业银行进行充分的调研及分析，构建适合我国商业银行发展的大数据平台，我国商业银行大数据平台通过数据的采集、处理、访问、应用和管理五个层次来构建大数据平台的总体架构，架构如图9-3所示。在分析模块，主要是建立适用于业务的数据统计分析模型，运用数据分析、数据挖掘等算法从数据集中挖掘出内在的价值，为业务系统提供数据和决策支持。在应用环节，基于梳理行业数据产品的需求，建立适用于不同应用场景的数据产品。大数据平台的实际应用应关注数据的精细化管理，通过对大量的基础数据进行整合，从产品、客户、渠道等多方面反映商业银行的实际经营，为实现以顾客为中心的战略目标提供保障。同时，精细化的管理可实现大数据平台的有效利用。通过推进对大数据平台的建设和应用，能不断提升我国商业银行对市场风险的防控能力。

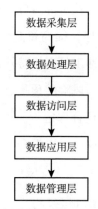

图9-3 商业银行大数据平台总体架构

资料来源：笔者绘制。

2. 加强商业银行内部资金转移定价系统管理

我国商业银行仍需要时间来适应内部资金转移定价系统，商业银行各个部门应主动学习内部资金转移定价系统的相关知识。商业银行分支为了达到总行的考核标准，需要重新审视自身的资产负债结构及质量，有序增加银行的业务量。同时，商业银行也需要进一步优化商品结构，商业银行分支加大对贴现业务的发展来减少市场风险的发生。商业银行尚需要搜寻理想的资金转移定价基准利息，基准利率的确定是推进资金转移定价系统管理的关键，因为海外金融市场的开放水平较高，能够更轻松地得到相关产品的公允市场价值，故大部分银行能够依照相关收益率水平，参考业务的利率、期限等来确定资金转移定价。但我国的金融市场不发达，商业银行可以根据产品属性选择适合自身的利率体系来构建资金转移定价系统的基准利率。加强资金转移定价系统的管理需加强对数据质量的管理，商业银行应明确各部门的分工，由专业的人才来进行数据资金转移定价系统质量的管理，严格监管源数据的录入程序。商业银行尚有待完善数据接口的开发工作，以掌控资金转移定价系统的执行进度，商业银行技术部门可以进行资金转移定价系统数据接口开发，渐渐完善数据效验程序，提高资金转移定价系统接口程序的准确性。商业银行可以通过运营对冲工具来规避外币利率风险，并通过吸取管理外币风险的经验来提升对人民币风险的预测能力。同时，商业银行务必建立成本效益理念，对银行产品进行合理定价，可以提升利率风险的防控能力，商业银行定期的培训、学术会议等可以提升分行的利率风险防控水平，不断完善利率风险的化解机制。

3. 完善商业银行风险管理组织架构

在市场风险防控的布局方面，美国花旗银行囊括了很多机构，同时赋予各单元相应独立的职能，终极决策工作由董事会及专业委员会来承担，而高层调控具体工作，由各部门负责相应的执行任务。通过完善商业银行风险管理治理模式，美国花旗银行不断强化商业银行市场风险防控水平，对市场风险进行有效的防控。我国可以参考其他银行的优秀管理理念，不断改进我国商业银行风险治理模式。因而，建立一个完备的市场风险管理体系需设计一个完整统一的市场风险框架。各部门依然对自己的部门负责，对本部门市场风险进行有效防控，实现总行层面与各业务部门之间的有效联系，并由监事会对各层级市场风险防控进行监督，不断形成一套较为完善的市场风险管理组织架构，具体组织架构如图9-4所示。

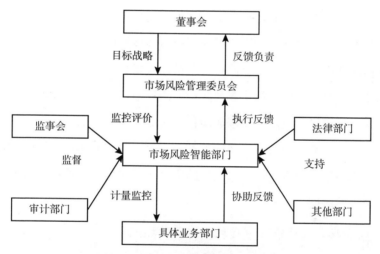

图9-4 商业银行市场风险治理模式架构

资料来源：任远，窦育民. 商业银行经营学［M］. 北京：科学出版社，2004：67.

4. 改进我国商业银行市场风险治理模式

风险识别环节是我国商业银行风险管理的基础，主要通过对原始风险数据的处理产生标准化的结果，并在商业银行内部进行结果的比较。风险识别环节还可以通过对市场、政府及金融监管机构信息进行有效分析来实现。完善风险识别环节应不断完善风险识别的手段，可通过剖析财务要素，来甄别潜在的商业银行风险，还可以借助图形分析的思路来判断和探查风险发生所具备的各种问题，通过分解法对重大风险因素进行有效识别。通过以上方法，实现风险识别水平的不断提升。商业银行市场风险审核程序是对各种类型的市场风险进行精确的评测，是商业银行市场风险环节最关键的一环。改进商业银行风险审核制度应改进市场风险的技术测评体系，积极构建基于风险价值（VaR）方法的交易账户市场风险管理系统，对商业银行交易账户市场风险进行统一管理。商业银行还应结合敏感性分析法，初步分析各个市场因素对商业银行的影响，对于缺口分析等手段进行剖析，逐步建立起市场风险技术体系。而对于风险评估环节的计量模型要及时进行事后检验，并通过对模型回验、修改来有效防范计量模型带来的偏差。市场风险的监测环节是市场风险管理的重要环节，完善商业银行市场风险的监测环节需要提升市场风险的监测技术水平，既要监测各种关键风险指标，又要识别市场风险影响因素的变化。完善商业银行市场风险的监测环节还应建立强大的交互风险监测系统，通过提供更权威的市场风险信息，有助于增强商业银行市场风险的防控效果。改进商业银行市场风险的控制程序，可以利用市场风险治理的办法，通过构建覆盖范围较广的市场风险限额体系来保障商业银行所承受的市场处于合理的区间。

5. 改善我国商业银行市场风险管理的环境

提升我国商业银行市场风险治理的环境，需提高银行内部员工的市场风险素质。我国目前拥有的市场风险治理团队普遍存在人员专业性弱化的弊端，商业银行可以通过对内部员工进行培训提升员工的市场风险防控意识，加强对员工的技能培训，提高人才的遴选和聘用门槛。商业银行还可以采取外聘的方式引入更多的市场管理人才，内部培养和外部引入的方式互相配合，能迅速提升市场风险的防控能力。提升我国商业银行市场风险治理效能，还需要改善商业银行市场风险管理的文化氛围。构建科学的市场风险治理理念及完善管理层的引领作用可提升商业银行市场风险的治理效能，内部员工需对商业银行的市场风险有全新的认识，而管理层可以为市场风险管理的宣传提供有力支持，推动商业银行市场风险管理环境不断完善，进一步提升我国商业银行市场风险的防控能力。

第三节　流动性风险

一、我国商业银行流动性风险防控现状

流动性风险是商业银行运营和治理过程中最基本的风险之一，更重要的是，它对银行的系统稳定和整个经济体系的运行都会产生强烈的冲击。因此，如果商业银行疏于对流动性风险进行防范，会在经营过程遭遇十分被动的局面，甚至引发金融危机。2008 年美国的次贷危机便是随着流动性风险从美国的商业银行中蔓延至其他国家，全球金融危机的爆发引发全球流动性紧张，导致全球大量的商业银行濒临破产，美国著名的商业银行雷曼兄弟和富兰克林国民银行都是因为流动性风险防控不当而破产。

自 2008 年以来，在金融市场波动和中美贸易纠纷的冲击下，我国银行业所处的经济环境发生了调整，也导致我国商业银行遭遇了前所未有的困境。根据银保监会官方网站公布的数据，可以用 LR、DLR 和 ERR 来反映我国商业银行对于短期流动性风险的防控能力①。根据图 9 - 5 和图 9 - 6，2013 年我国商业银行 LR 和 ERR 都出现了显著的降低，这是由于我国商业银行在 2013 年 6 月和 12 月先后经历了两次"钱荒"，这一问题昭示着在流动性风险治理问题上，当前的模式尚存在明显的漏洞。

---

① LR 为流动性比例（liquidity ratio）、DLR 为存款贷款比率（deposit loan ratio）、ERR 为人民币超额备付金率（excess reserve ratio）。

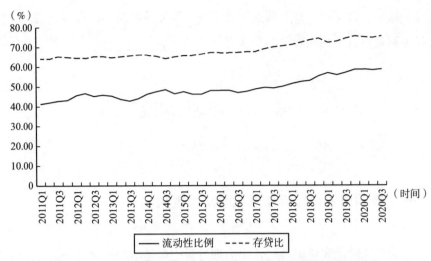

图 9 - 5　2011 ~ 2020 年我国商业银行流动性风险指标变动情况

资料来源：中国银行保险监督管理委员会官网（http：//www. cbirc. gov. cn）。

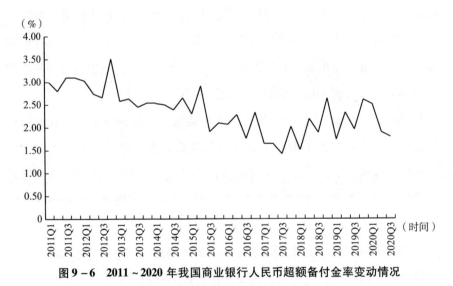

图 9 - 6　2011 ~ 2020 年我国商业银行人民币超额备付金率变动情况

资料来源：中国银行保险监督管理委员会官网（http：//www. cbirc. gov. cn）。

从图 9 - 5、图 9 - 6 和图 9 - 7 来看，自 2013 年以后，我国商业银行流动性比例整体呈现上升趋势，2018 年开始，流动性比例超过了 50%。2014 年 7 月，银保监会调整了计算口径，因此有必要将 2014 年第三季度前后的数据分开来分析。2014 年第三季度以前，存贷比低于 70%，且出现季节性波动。2014 年第三季度以后，存贷比呈现上升趋势，商业银行的存贷比整体呈现增长趋势，2017 年第三季度起超过 70%。人民币超额备付金率整体呈现降低趋势。我国流动性风险 2017 年银保监会加入流动性风险覆盖率指标来反映商业银行短期风险防控能力，图 9 - 7 反映出流动性风险覆盖率整体呈现增长趋势。

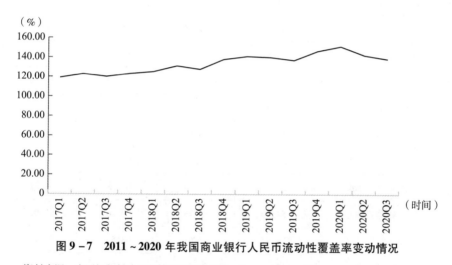

图 9 - 7　2011 ~ 2020 年我国商业银行人民币流动性覆盖率变动情况

资料来源：中国银行保险监督管理委员会官网（http：//www.cbirc.gov.cn）。

表 9 - 6 反映了我国不同类型的商业银行 2017 年第一季度至 2020 年第三季度流动性比例变动情况，对比可以发现，我国不同类型的商业银行流动性比例整体呈现增长趋势，但变化幅度不大。其中，大型商业银行的流动性比例水平最低，农村商业银行的流动性比例水平最高，均高于监管的标准要求，但不同类型的商业银行流动性比例整体相差不大。这里面的原因主要在

于钱荒事件发生后，银保监会针对银行体系的流动性比例标准和流动性风险管控提出了新的相关要求，责令银行业加强流动性风险的治理和防范，并给出了新的监管标准，我国商业银行在流动性风险问题上更加重视，监管得更加严格，我国商业银行流动性风险的防控能力有所提升。

表 9-6　　　2017~2020 年我国各类商业银行流动性比例变动情况　　单位：%

	大型	股份制	城商行	农商行
2017 年第一季度	46.07	51.03	52.55	51.52
2017 年第二季度	48.03	50.13	51.71	51.12
2017 年第三季度	47.66	49.82	50.35	51.32
2017 年第四季度	48.10	50.78	51.48	53.14
2018 年第一季度	50.81	51.40	50.87	52.93
2018 年第二季度	51.83	51.69	52.73	54.16
2018 年第三季度	52.84	51.38	52.02	54.54
2018 年第四季度	52.34	56.49	60.14	58.77
2019 年第一季度	54.06	58.05	63.24	60.22
2019 年第二季度	52.88	56.84	61.28	61.32
2019 年第三季度	54.60	58.78	60.26	61.02
2019 年第四季度	54.97	61.63	63.51	63.15
2020 年第一季度	55.37	59.36	65.27	64.65
2020 年第二季度	54.36	58.45	67.43	65.70
2020 年第三季度	56.79	55.86	66.21	63.16

资料来源：中国银行保险监督管理委员会官网（http：//www.cbirc.gov.cn）。

二、流动性风险防控建议

1. 完善流动性风险压力测试

压力测试是一种定量的分析方法，主要是用来分析尾部风险。巴塞尔委员会于 2009 年下达通知，要求银行业将压力测试作为风险管理的重要手段，应用于银行系统内沟通。而商业银行的压力测试大多是对信用风险进行测试，对流动性风险关注度相对较低。结合流动性风险的特点，对流动性风险进行压力测试有助于识别风险管理上的漏洞，对可能出现的风险进行提前预判，应加强改进流动性风险的压力测试。

在进行压力测试之前，需要明确压力测试的对象，针对流动性风险实施的压力测试，应该综合考虑各个方面可能对银行产生的影响，并厘清各因素之间的关系，构建商业银行流动性风险分析框架。在给定的压力测试模拟可能场景下，寻找较大的流动性风险关联因素，让流动性风险压力测试更加科学和有效。我国商业银行也应该参照自身的特点，结合我国当前的金融发展阶段性特征，打造适合用于我国流动性风险诊断的压力测试框架，以期可以尽早发现我国商业银行潜在的流动性风险，并保障测试结果具有较强的说服力，进而能够对流动性风险进行有效的防控。

2. 加强对银行同业业务的引导

商业银行当商业银行处于资金较为紧张的情况时，可利用同业业务在短期内创造较大的流动性，而过度开展同业业务会致使商业银行内的资金在银行体系内流转过多，增大商业银行的流动性风险。因而，商业银行需加强对同业业务的引导。商业银行可通过不断完善同业业务的监测指标体系来加强对银行同业业务的引导，进而对流动性风险进行有效的防控。完善同业业务的监测指标体系，需要重点关注指标的建设和执行，谨慎地开展指标数据的收集和分析工作，不断提升流动性风险的识别能力。并根据商业银行实际情况制订切实有效的实施计划，与有关部门配合保障计划能够顺利的开展。商业银行可通过不断优化同业资产结构和同业负债结构，来加强对同业业务的引导。商业银行应结合市场，根据自身的实际情况对同业资产和同业负债进行合理的配置，不断优化同业资产结构和同业负债结构。商业银行还可以增加相关负债的期限来降低同业期限的错配，优先通过信用拆借等方式吸收同业负债，有效地降低商业银行的流动性风险。加强对银行同业业务的引导，还需有效分散同业业务风险。商业银行在银行资金充足的情况下，并属于同业融出资金的合理范围内，可通过质押式逆回购的方式来出借银行的资金，能够较大程度地保障资金的安全性。而商业银行在开展同业业务前，对于业务开展的期限、资金比例等要进行评估，合理的设定业务的同业期限、资金比例等，防止因期限错配增加流动性风险。

3. 提升资产的流动性和负债的稳定性

由于我国商业银行存在资产结构单一，贷款占比过高的现象，保持和增加资产流动性对商业银行流动性风险防控意义重大，合理的资产负债结构能够对流动性风险进行有效的防控。我国商业银行可通过调节储备资产的流动性，对储备资产结构进行优化，通过分层管理的形式对流动性风险进行综合管理，对不同资产流动性水平进行划分，建立起风险防控的防线。商业银行可以主动调整资产负债结构，适度降低贷款性资产，提高非信贷资产，增强贷款的变现的可行性，提升流动性风险防控能力。并不断增加贷款种类，丰富资产配置的选择方案，增强资产的流转性，进而对流动性风险进行有效防控。商业银行还可以随着商业银行数字化转型的推进，商业银行能够借助于货币市场的交易手段，通过各种相关业务的开展，不断提高资金的利用率，对流动性风险进行防控。

对于贷款积压较为严重的银行，应主动减少不良贷款的数量，建立较为完整的贷款保障和补偿制度。商业银行应当对相关业务引发的未经保护的风险进行全方位的管控，尤其应该重视因业务变动而引发的风险调整，在确保流动性充裕的条件下，要将流动性资产的水平约束在适当的尺度内，在确保流动性稳定的同时，又不能疏于对风险的防范，尽可能地寻求二者之间的一个合适尺度，来进行流动性风险防控。

4. 不断推进金融创新

金融创新的开展可以帮助商业银行发展出新的业务，获取较为稳定的资金来源，拓宽资金的运用渠道，提升银行资产可供支配的流动性。因此，依靠金融创新的发展和规模壮大，有助于商业银行提升流动性风险的防范效能。我国商业银行创新主要包括以下几点：第一，负债业务多元化发展可以对流动性风险进行有效防控；第二，开发新的业务种类，增强资产流动性和可支配性，提升运转频率，进行流动性风险防控；第三，通过中间业务创新不断提升技术水平，推动商业银行数字化的转型，能带来大量的资金来源，有效改善资产的质量，增强资产的流动性，进行流动性风险防控。

第四节 系统性风险

一、我国商业银行系统性风险防控现状

资本充足率（CAR）是银行用来防范系统性风险的重要参考要素，作为一个比值的概念，它衡量的是监管资本与风险加权资产的比值。因此，从银行角度来看，通过变动资本或者变动风险加权资产的数额，都可以实现降低资本充足率缺口的目的。2012 年，我国银保监会对商业银行的 CAR 最低

比例进行了限定，此后我国商业银行的 CAR 的水平一直保持在要求的限额水平以上，对系统性风险起到了有效的防控效果。如图 9 - 8 所示，自 2013年第一季度至 2020 年第三季度，我国商业银行的 CAR 水平、一级 CAR 水平和核心一级 CAR 水平都呈现整体上升走向，CAR 维持在 8% 的水平之上，一级 CAR 维持在 6%，核心一级 CAR 维持在 5% 以上，说明我国商业银行整体的资本水平较为充裕，对系统性风险能够有效地防控。根据表 9 - 7，我国大型商业银行 CAR 水平最高，其次是农商行，而股份制商业银行、城商行的 CAR 水平相对比较低，但都维持在 8% 以上。而通过更细致的观察，这几类商业银行近年来出现 CAR 水平下降的现象，这需要引起商业银行当局和相关监管部门的高度重视，需不断加强对系统性风险的预警和防控。

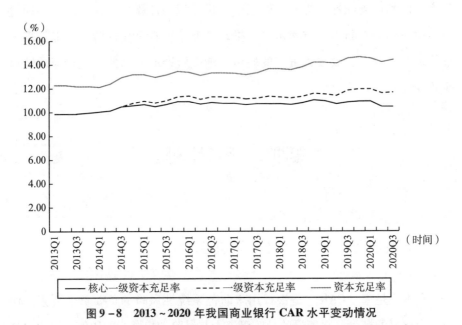

图 9 - 8　2013 ~ 2020 年我国商业银行 CAR 水平变动情况

资料来源：中国银行保险监督管理委员会官网（http：//www.cbirc.gov.cn）。

表9-7　　　　　　　我国商业银行分机构 CAR 水平变动情况　　　　单位：%

时间	大型	股份制	城商行	农商行
2015 年第一季度	14.17	11.21	11.91	13.36
2015 年第二季度	13.81	11.34	11.94	13.09
2015 年第三季度	13.99	11.63	12.16	13.18
2015 年第四季度	14.50	11.60	12.59	13.34
2016 年第一季度	14.35	11.88	12.35	12.97
2016 年第二季度	13.89	11.78	12.29	12.98
2016 年第三季度	14.16	11.95	12.39	13.14
2016 年第四季度	14.23	11.62	12.42	13.48
2017 年第一季度	14.14	11.92	12.29	13.26
2017 年第二季度	13.94	11.95	12.20	13.21
2017 年第三季度	14.17	12.06	12.29	13.37
2017 年第四季度	14.65	12.26	12.75	13.30
2018 年第一季度	14.63	12.27	12.76	13.39
2018 年第二季度	14.73	12.12	12.75	12.77
2018 年第三季度	15.04	12.48	12.70	13.01
2018 年第四季度	15.70	12.76	12.80	13.20
2019 年第一季度	15.67	12.77	12.64	12.97
2019 年第二季度	15.66	12.73	12.43	12.98
2019 年第三季度	16.18	13.40	12.51	13.05
2019 年第四季度	16.31	13.42	12.70	13.13
2020 年第一季度	16.14	13.44	12.65	12.81
2020 年第二季度	15.92	12.92	12.56	12.23
2020 年第三季度	16.25	13.30	12.44	12.11

资料来源：中国银行保险监督管理委员会官网（http：//www. cbirc. gov. cn）。

2008 年，全球性金融危机给中国商业银行带来重大的启示，我国商业银行更加关注于对系统性风险的防控。目前，我国已经制定了宏观审慎框架，并采取一系列宏观审慎措施，对商业银行系统性风险进行监管，包括对于风险的早期识别，测试分析、监管、长期追踪和调节，这些都是审慎管理中必不可少的环节。

2012 年，银保监会提出的新要求中，进一步增加了关于储备资本的监管理念，这种方案上的完善，有助于更加有效地进行系统性风险防控。

二、系统性风险防控建议

1. 不断改进宏观审慎框架

不断改进宏观审慎框架改进是了实现以下三个目标。其一，监管政策可以解决商业银行系统性风险带来的危机和经济剧烈波动；其二，市场纪律能够有效地预防系统性风险的发生；其三，有效的货币政策可以作为宏观审慎监管的补充，对系统性风险进行防控。监管机构应该对商业银行审慎监管下的信息进行充分的披露，定期披露压力测试、情景分析等结果，来不断改进宏观审慎框架。中国人民银行应与监管机构配合使用货币政策，来达到维护金融市场稳定，保障经济有序运行，对商业银行系统性风险进行有效防控的目的。

改进宏观审慎管理框架要求商业银行自身需构建更加准确的风险预警体系，商业银行应根据自身的实际情况灵活地设定预警指标，更迅速更高效地识别对早期系统性风险进行识别和预警，可实现对系统性风险的有效防控。商业银行也应实施相应的贷款损失拨备策略，构建贷款拨备制度，来减少商业银行在经济上行时期积累的风险在经济下行时期集中爆发的概率。进一步完善存款保障制度可以改进宏观审慎管理框架。存款保障制度能够使商业银行在面临较大系统性风险时能够得到保障，避免由于大量损失存款人而导致的经济社会运作问题，而存款保障制度也可以根据经济周期不同阶段而收取不同的保费，以便在经济萧条时期能够基给予商业银行必要的支持，有效地防控商业银行系统性风险带来的冲击。

2. 加强对影子银行的监管

影子银行指的是银行体系以外，从事实体和非实体活动的信用中介机构。影子银行与传统商业银行相比具有两个明显的特点：其一，金融脱媒性。其二，业务表外性。目前，我国影子银行业务规模不大，对金融市场的影响也相对较小，尚未引起较严重的系统性风险。但为了维持我国商业银行的稳定，相关监管机构仍需要关注影子银行所带来的系统性风险，并主动采取措施来降低影子银行所产生的负面影响。监管机构可以采取"去杠杆、控风险"的监管政策，通过控制资金实现削减杠杆的宗旨，并对一系列相关产品采取标准化的处理方式来预防系统性风险的出现。监管机构也可以要求相同产品需要采取统一的杠杆率来解决"期限错配"的问题。监管机构也需要对影子银行业务进行更加严格的检查，防止银行之间的风险传达。防范影子银行所带来的系统性风险，要保证信息的公开透明。信息不透明化会导致系统性风险的积聚。因而，要加强对信息披露制度的改革，保障银行的相关产品信息公开透明。而影子银行存在的"刚性兑付"问题的解决也需要投资者和商业银行的共同努力，来有效预防系统性风险发生。

3. 利率市场化

利率市场化虽然没有从根本上增加商业银行的系统性风险，但在利率市场化背景下我国商业银行在金融市场上的竞争更加激烈，导致系统性风险提升。利率市场化的后果就是银行业的存贷款利差不断缩小，进而压低了商业银行的利润，迫使商业银行不得不采取降低信贷市场的信用审核，这无疑增加系统性风险的发生的概率。现有生存模式利润空间的缩小也会致使商业银行主动地拓展非息收入业务①，商业银行盲目地开展多元化的投资虽然不会放大个体存在的风险，但会大大提升系统性风险水平。因而，需要正视利率市场化对我国商业银行系统性风险的影响。商业银行自身需要建立正确的竞争观念，认识到银行间竞争的实质是服务的竞争、创新的竞争而非价格的竞争，商业银行应将竞争的重心放在服务及金融产品的创新之上。商业银行也要不断地完善成本核算以及价格竞争的容忍度分析，建立价格浮动的红线制度，逐渐形成以服务要市场，以效率控成本的客户管理模式，并通过改善存款服务、加强融资跟踪等措施来扭转商业银行过度依赖价格竞争的局面，对系统性风险进行有效预警和防范。而央行也应发挥系统性风险监管的作用。央行应建立商业银行价格协商制度和不当竞争监管制度，来防止商业银行之间过度的价格竞争，并建立系统性风险预警机制，较为准确地预测商业银行个体风险转化为系统性风险的可能性，提升系统性风险的监管能力。央行应不断完善商业银行的重组机制，推动商业银行市场化推出机制的发展，并增加与经济主体的通信交流，重建市场信心，来不断降低利率市场化过程中引发的系统性风险。

4. 减少互联网金融带来的冲击

互联网金融本身具有节点多、链条广的特点，这使其一旦出现问题，会从多个方向引发商业银行的风险，甚至是引发较大的系统性风险。因而，在互联网的时代背景下，商业银行需要在诸多领域调整运行模式，包括信息的收集和整合方式，只有较为完善的信息处理机制才能为客户带来更好的服务以及对系统性风险进行有效的防控，应当加大对信息处理方面的投入，加强信息和数据的管理，主动创新实现对传统经营策略的突破。互联网金融也会致使社会结构的扁平化越来越明显，而传统商业银行的"二八定律"仅关

---

① 徐蕊. 浅析利率市场化条件下商业银行的机遇与挑战 [J]. 现代经济信息，2012（16）：178－179.

注部分客户的银行服务体验①，通过对这部分客户关系的维护实现商业银行的盈利，在互联网金融的背景下，商业银行应更加关注绝大部分客户的满意度，尤其是要关注新客户和优质客户的售后体验，努力提升商业银行的服务水平，定期进行客户回访和满意度追踪调查，不断建立起以客户为导向的商业银行盈利模式，提升系统性风险防控水平。

商业银行应建立较为完善的风险隔离体系来降低互联网金融带来的系统性风险，尤其是要关注境外资本、问题资本通过互联网金融可能引发的风险。商业银行与互联网金融相关企业开展合作之前，应清楚地了解合作企业的经营状况，严格审查相关客户的资质，对其业务进行合规性调查，对可能存在的系统性风险具有预见性，制定专门的评估机制来进行系统性风险防控。同时，在互联网金融时代，商业银行要加大对数据处理能力的投入，完善对于信息的整合和处理技术，商业银行应有效地利用和发挥资金的优势，努力提升大数据处理能力，不断强化自身的系统性风险防控能力。

---

① 黄建康，赵宗瑜. 互联网金融发展对商业银行的影响及对策研究——基于价值体系的视域 [J]. 理论学刊，2016（1）：61-68.

参 考 文 献

[1] 安刚. 现代货币危机的国际传导机制 [J]. 经济科学, 1999 (3): 110 - 115.

[2] 安起雷, 李治刚. 国际短期资本流动对我国金融安全的影响及对策研究 [J]. 宏观经济研究, 2011 (2): 41 - 44.

[3] 巴曙松, 金玲玲, 朱元倩. 巴塞尔Ⅲ下市场风险资本框架的改革及中国商业银行的应用 [J]. 金融发展研究, 2013 (1): 3 - 8.

[4] 白涛. 商业银行风险管理新实践 [M]. 北京: 中国金融出版社, 2009: 155.

[5] 毕永松. 后 WTO 背景下的我国商业银行市场风险分析及其管控设计 [J]. 华东经济管理, 2007, 21 (6): 146 - 149.

[6] 陈创练, 黄楚光, 陈创波. 资本账户开放、金融风险与外汇储备的非线性关系研究 [J]. 财经研究, 2015, 41 (8): 64 - 78.

[7] 陈道富. 提高我国银行流动性风险监管 [J]. 浙江金融, 2011 (8): 4 - 8.

[8] 陈得文. 系统性风险与跨境资本流动管理——宏观审慎管理与资本管制效果的比较 [J]. 南方金融, 2016 (5): 46 - 54.

[9] 陈德胜, 文根第, 刘伟, 等. 商业银行全面风险管理 [M]. 北京: 清华大学出版社, 2009: 35.

[10] 陈四清. 商业银行风险管理通论 [M]. 北京: 中国金融出版社,

2006：48.

[11] 陈卫东，王家强．美联储加息的外溢效应 [J]．中国金融，2016 (1)：40-41.

[12] 陈忠阳，刘志洋，宋玉颖．中国系统性风险监测与分析研究 [J]．吉林大学社会科学学报，2012 (4)：128-135.

[13] 戴国强，方鹏飞，张健．制度缺陷、银行行为与市场风险监管效率 [J]．上海金融，2015 (6)：26-32.

[14] 党超．国际资本流动对我国商业银行体系稳定性影响研究——基于 IBSS 模型的实证分析 [J]．山西财经大学学报，2017，39 (6)：39-50.

[15] 丁剑平．正视美联储加息周期的流动性风险 [J]．国际金融，2016 (1)：34-36.

[16] 董小君．美元变动六个规律与中国策略 [J]．人民论坛，2012 (24)：46-47.

[17] 范恒森，李连三．论金融危机传染路径及对我国的启示 [J]．财经研究，2001 (11)：51-58.

[18] 方显仓，孙琦．资本账户开放与我国银行体系风险 [J]．世界经济研究，2014 (3)：9-14.

[19] 方意．系统性风险的传染渠道与度量研究——兼论宏观审慎政策实施 [J]．管理世界，2016 (8)：32-57.

[20] 刚健华，赵扬，高翔．短期跨境资本流动、金融市场与系统性风险 [J]．经济理论与经济管理，2018 (4)：98-112.

[21] 郜佳伟，赵颖春．次贷危机后美国金融监管体制改革对我国的启示 [J]．时代金融，2016 (12)：37，40.

[22] 管涛．四次人民币汇改的经验与启示 [J]．金融论坛，2017

（3）：3 - 8.

[23] 郭丽. 从资本和金融项目浅析我国对外投资状况 [J]. 昆明理工大学学报：社会科学版，2008，8（4）：89 - 93.

[24] 郭文伟，陈凤玲. 中国多层次股市泡沫测度——兼评资本市场改革措施的影响 [J]. 财经科学，2016（8）：25 - 36.

[25] 何帆，张明. 国际货币体系不稳定中的美元霸权因素 [J]. 财经问题研究，2005（7）：32 - 37.

[26] 华晓龙. 基于宏观压力测试方法的商业银行体系信用风险评估 [J]. 数量经济技术经济研究，2009（4）：117 - 128.

[27] 黄建康，赵宗瑜. 互联网金融发展对商业银行的影响及对策研究——基于价值体系的视域 [J]. 理论学刊，2016（1）：61 - 68.

[28] 姬敏，杨芳芳. 我国资本外流的影响因素研究 [J]. 中国市场，2016（11）：195 - 196.

[29] 姜建清. 金融危机下企业家的信心与责任 [J]. 中国城市金融，2008（12）：6 - 7.

[30] 靳玉英，周兵. 新兴市场国家金融风险传染性研究 [J]. 国际金融研究，2013（5）：49 - 62.

[31] 柯文轩，李鼎，刘场. 银行融资结构对金融稳定与监管有效性的影响研究 [J]. 中国物价，2021（1）：66 - 69.

[32] 李婧，吴远远. 中国短期跨境资本流动影响因素实证研究：2009 ~ 2016 [J]. 经济与管理研究，2017，38（8）：23 - 32.

[33] 李力，王博，申思哲，等. 短期资本流动、金融加速器与企业投资 [J] 金融学季刊，2020（9）：27 - 59.

[34] 李学彦，李泽文. 我国上市商业银行流动性风险外部影响因素的

实证分析 [J]. 经济学家, 2019 (12): 88-99.

[35] 廖岷, 杨元元. 全球商业银行流动性风险管理与监管的发展状况及其启示 [J]. 金融研究, 2008 (6): 69-79.

[36] 林辉, 裴平, 刘晓星. 中国股市波动引致国际游资冲击, 或是相反? ——来自 2005~2011 年样本数据的实证检验 [J]. 金融研究, 2012 (10): 75-85.

[37] 林丽丽. 试论对小微企业的贷前调查与贷后管理 [J]. 经济师, 2013 (6): 171-172.

[38] 刘础润. 全球流动性变动与公司治理对商业银行信贷风险承担行为的影响 [J]. 北方经济, 2019 (8): 72-76.

[39] 刘刚, 卢燕峰. 资本账户开放, 商业银行存贷比与信贷风险 [J]. 金融论坛, 2015 (3): 62-70.

[40] 刘精山, 赵沛, 田静. 基于时变模型的商业银行流动性风险度量研究 [J]. 财经理论与实践, 2019, 40 (6): 16-23.

[41] 刘莉亚. 境外"热钱"是否推动了股市, 房市的上涨? ——来自中国市场的证据 [J]. 金融研究, 2008 (10): 48-70.

[42] 刘晓星. 风险价值、压力测试与金融系统稳定性评估 [J]. 财经问题研究, 2009 (9): 57-65.

[43] 刘燕, 王秋豪. 公司资本流出与债权人利益保护——法律路径与选择 [J]. 财经法学, 2020 (11): 3-18.

[44] 刘志洋. 流动性风险监管能够有效降低商业银行系统性风险贡献度吗——来自中国上市银行的经验证据 [J]. 南方金融, 2018 (11): 67-74.

[45] 刘志洋, 宋玉颖. 商业银行流动性风险与系统性风险贡献度 [J]. 南开经济研究, 2015 (1): 131-143.

［46］陆静，汪宇．商业银行市场风险压力测试的实证研究［J］．经济管理，2011（9）：140－152.

［47］马理，何云．"走出去"与"引进来"——银行业对外开放的风险效应［J］．财经科学，2020（1）：13－28.

［48］马理，朱硕．跨境资本流动的原因及对金融安全的影响［J］．武汉金融，2018（8）：4－13.

［49］皮天雷，杨萍．资本急停、稳健特征与银行贷款差异［J］．国际金融研究，2015（12）：44－55.

［50］钱崇秀，宋光辉．超额贷款，不良率与商业银行流动性［J］．财贸经济，2018（7）：81－95.

［51］曲凤杰，李亮．近期跨境资本流动特点及趋势［J］．宏观经济管理，2015（11）：50－52.

［52］让·梯若尔，陈志俊，闻俊．金融危机、流动性与国际货币体制［M］．中国人民大学出版社，2003：38.

［53］任光宇．证券市场开放速度的影响和决定［J］．统计研究，2015（9）：39－48.

［54］任远，窦育民．商业银行经营学［M］．北京：科学出版社，2004：67.

［55］盛斌，石静雅．厚尾事件度量和压力测试在我国商业银行的应用研究［J］．财经问题研究，2010（2）：43－47.

［56］司登奎，李小林，葛新宇，等．泰勒规则、国际资本流动与人民币汇率动态决定［J］．财经研究，2019（9）：30－43.

［57］孙蕾．基于宏观审慎视角的地方法人商业银行流动性风险管理体系构建——以山东省为例［J］．金融监管研究，2017（7）：24－36.

［58］孙涛，张晓晶．跨境资金流动的实证分析——以"香港路径"为例［J］．金融研究，2006（8）：111-121.

［59］谭小芬，梁雅慧．我国跨境资本流动：演变历程，潜在风险及管理建议［J］．国际贸易，2019（7）：10-17.

［60］谭晓红，樊纲治．我国商业银行宏观压力测试研究——基于四类银行的 SUR 模型［J］．投资研究，2011（12）：3-16.

［61］汪小亚．我国资本账户开放与利率——汇率政策的协调［J］．金融研究，2001（1）：97-104.

［62］王春峰．东亚金融危机：宏观经济基础变量恶化？金融恐慌？［J］．经济学动态，1998（8）：51-57.

［63］王春峰，张伟．具有隐含期权的商业银行利率风险测量与管理：凸度缺口模型［J］．管理科学学报，2001（5）：21-29.

［64］王冬．商业银行市场风险压力测试研究［J］．上海金融，2011（1）：56-60.

［65］王曼怡，蒋静芳．资本项目开放与金砖国家银行稳定性研究［J］．国际经济合作，2016（4）：87-91.

［66］王世华，何帆．中国的短期国际资本流动：现状、流动途径和影响因素［J］．世界经济，2007（7）：12-19.

［67］王硕洁，刘之阳．从美元的双重身份看美国金融危机的爆发原因［J］．中国集体经济，2008（8S）：191-192.

［68］王信，林艳红．90 年代以来我国短期资本流动的变化［J］．国际金融研究，2005（12）：62-67.

［69］魏灿秋．降低商业银行信用风险的贷前分析方法研究［J］．经济体制改革，2003（3）：131-134.

[70] 温博慧，苟尚德，张柏然．杠杆率调整背景下我国商业银行流动性监测指标评价——基于深度前馈网络 [J]．预测，2019，38 (6)：8.

[71] 吴成颂，胡寒笑．资本账户开放会提高商业银行系统性风险吗？——基于短期跨境资本流动的中介效应研究 [J]．北京化工大学学报：社会科学版，2020 (3)：7.

[72] 向文华．金融自由化与金融风险相关性研究 [M]．北京：中央编译出版社，2005：55.

[73] 肖立晟，张明．克服浮动恐惧增强汇率弹性——"8.11" 汇改一周年回顾与展望 [J]．金融评论，2016 (5)：32 – 47.

[74] 徐琤．资本流动性冲击、金融危机与中国宏观经济波动 [M]．上海：上海社会科学院出版社，2010：52.

[75] 徐冕，徐婷．人民币国际化对商业银行的影响及对策 [J]．债券，2019 (7)：41 – 43.

[76] 徐蕊．浅析利率市场化条件下商业银行的机遇与挑战 [J]．现代经济信息，2012 (16)：178 – 179.

[77] 许长新，张桂霞．国际资本流动对我国银行体系稳定性影响的实证研究 [J]．亚太经济，2007 (1)：47 – 50.

[78] 许传华．开放条件下金融风险预警指标体系研究 [M]．武汉：湖北人民出版社，2012：86.

[79] 许传华，孙玲．开放条件下金融风险的生成机理与传导机制 [J]．湖北经济学院学报，2012，10 (3)：38 – 46.

[80] 许友传，何佳，杨继光．基于交易头寸的银行市场风险测度方法——以银行间同业拆借市场为例 [J]．金融研究，2007 (7)：36 – 46.

[81] 许院院，刁节文．不同类型商业银行利率风险的实证研究——基

于银行间同业拆借利率视角 [J]. 金融监管研究, 2015 (11): 27 - 38.

[82] 杨国中. 完善跨境资本流动管理维护国家金融安全 [J]. 中国外汇, 2017 (14): 14 - 17.

[83] 杨海珍, 陈金贤. 中国资本外逃: 估计与国际比较 [J]. 世界经济, 2000, 23 (1): 21 - 29.

[84] 杨俊龙, 孙韦. 短期国际资本流动对我国经济潜在冲击的实证分析 [J]. 经济理论与经济管理, 2010 (12): 13 - 18.

[85] 杨梦满, 刘传哲, 管琳娜, 等. 美联储加息进程开启与退出对中国资本流出的时变影响研究 [J]. 金融理论与实践, 2019 (12): 9 - 16.

[86] 杨童舒. 以美元为视角审视亚洲金融危机 [J]. 商业文化, 2011 (4): 120 - 121.

[87] 姚新超, 昝丙艳. 中国企业跨境并购回归真实合规性及理性发展的思考 [J]. 国际贸易, 2017 (8): 18 - 24.

[88] 叶伟春. 中国资本账户开放的利弊及对策研究 [J]. 上海金融, 2010 (8): 76 - 79.

[89] 叶伟春. 资本账户开放的经济效应研究 [M]. 上海: 上海财经大学出版社, 2009: 89.

[90] 余永定. 中国国际收支结构和资本外逃情况解析 [J]. 武汉金融, 2017 (12): 4 - 9.

[91] 袁平. 2007 年流动性依然过剩 [J]. 金融管理与研究: 杭州金融研修学院学报, 2007 (5): 39 - 44.

[92] 张礼卿. 资本账户开放与金融不稳定 [M]. 北京: 北京大学出版社, 2004: 46.

[93] 张明. 中国面临的短期资本外流: 现状、原因、风险与对策 [J].

金融评论, 2015 (3): 17 - 30.

[94] 张曲. 商业银行信用风险预警运行机制的研究——以某国有商业银行为例 [J]. 金融经济, 2016 (4): 112 - 115.

[95] 张晓晶, 张平, 刘树成, 等. 国际资本流动、经济扭曲与宏观稳定——当前经济增长态势分析 [J]. 经济研究, 2005 (4): 4 - 16.

[96] 张毅, 黄卫平. 人民币跨境流动与商业银行风险管理 [J]. 现代管理科学, 2020 (2): 24 - 26.

[97] 赵进文, 张敬思. 人民币汇率、短期国际资本流动与股票价格——基于汇改后数据的再检验 [J]. 金融研究, 2013 (1): 9 - 23.

[98] 郑冲. 新兴市场国家货币贬值原因、影响与启示 [J]. 银行家, 2014 (12): 98 - 100.

[99] 钟震, 郭立, 姜瑞. 当前我国跨境资本流动: 特点, 成因, 风险与对策 [J]. 宏观经济研究, 2015, 205 (12): 3 - 13.

[100] 周凯, 袁媛. 商业银行动态流动性风险压力测试应用研究 [J]. 审计与经济研究, 2014 (3): 104 - 112.

[101] 朱孟楠, 刘林. 短期国际资本流动, 汇率与资产价格——基于汇改后数据的实证研究 [J]. 财贸经济, 2010 (5): 5 - 13.

[102] 朱强标. 统一授信: 控制银行信贷风险的现实选择 [J]. 财经理论与实践, 2003 (6): 32 - 34.

[103] Allen F, Gale D. Bubbles and crises [J]. Economic Journal, 2000, 110 (460): 236 - 255.

[104] Calvo G A, Reinhart L. Inflows of capital to developing countries in the 1990s [J]. Journal of Economic Perspectives, 1996, 10 (2): 123 - 139.

[105] Carty L V, Lieberman D. Historical default rates of corporate bond

issuers, 1920 – 1996 ［R］. 1997.

［106］ Eduardo, Fernández – arias, Montiel P J. The surge in capital inflows to developing countries: An analytical overview ［J］. World Bank Econ Rev, 1996.

［107］ Fisher I. The debt-deflation theory of great depressions ［J］. Econometrica, 1933, 1 （4）: 337 – 357.

［108］ Gruben W C, Mcleod D. Capital account liberalization and inflation ［J］. Economics Letters, 2002, 77 （2）: 1221 – 225.

［109］ Hamdi H, Jlassi N B. Financial liberalization, disaggregated capital flows and banking crisis: Evidence from developing countries ［J］. Economic Modelling, 2014, 41: 124 – 132.

［110］ Joyce J P, Nabar M. Sudden stops, banking crises and investment collapses in emerging markets ［J］. Journal of Development Economics, 2009, 90 （2）: 314 – 322.

［111］ Kaminsky G L, Reinhart C M. The Twin Crises: The causes of banking and balance-of-payments problems ［J］. The American Economic Review, 1999, 89 （3）: 473 – 500.

［112］ Kindleberger C P. International short-term capital movements ［J］. Columbia University, 1937.

［113］ Kletzer K M, Spiegel M M. Speculative capital inflows and exchange rate targeting in the Pacific Basin: Theory and Evidence. Pacific Basin Working Paper Series, 1996 – 05, Federal Reserve Bank of San Francisco.

［114］ Krugman P. What happened to Asia? Working Paper, 1998.

［115］ Leiderman L, Reinhart C, Calvo G. Capital inflows and real exchange rate appreciation in latin america; the role of external factors [J]. IMF Working Papers, 1993, 40 (1): 108 – 151.

[116] Mackwaik B. What does the bank of Japan do to East Asia? [J]. Journal of International Economics. 2006 (1).

[117] Mathieson Donald J, Liliana Rojas-suárez. Liberalization of the capital account: Experiences and issues [D]. IMF Working Papers, International Monetary Fund, 1992.

[118] Mckinnon R I, Pill H. Credible liberalizations and international capital flows: The "overborrowing syndrome" [M]. University of Chicago Press, 1996.

[119] Mejia A L. Large capital flows; a survey of the causes, consequences, and policy responses [J]. IMF Working Papers, 1999.

[120] Mundell R A. Capital mobility and stabilization policy under fixed and flexible exchange rates [J]. The Canadian Journal of Economics and Political Science/Revue canadienne de economique et science politique, 1963, 29 (4): 475 – 485.

[121] Oliver K, Claudia K, Lucas R. Systemic risk through contagion in a core-periphery structured banking network [J]. Institute of Mathematics Polish Academy of Sciences, 2015 (1).

[122] Pérignon C, Smith D R. The level and quality of Value-at – Risk disclosure by commercial banks [J]. Journal of Banking and Finance, 2009 (2).

[123] Radelet S, Sachs J. The East Asian financial crisis: Diagnosis, remedies, prospects [J]. Brookings Papers on Economic Activity, 1998, 29: 1 – 90.

[124] Reinhart C, Khan M. Capital Flows in the APEC Region [D].

MPRA Paper, University Library of Munich, Germany, 1995.

[125] Schechtman R, Gaglianone W P. Macro stress testing of credit risk focused on the tails [J]. Journal of Financial Stability, 2012, 8 (3): 174 – 192.

[126] Sorge M, Virolainen K. A comparative analysis of macro stress testing methodologies with application to Finland [J]. Journal of Financial Stability, 2006 (2): 113 – 151.

[127] Stiglitz J E, Weiss A. Credit Rationing in Markets with Imperfect Information [J]. The American Economic Review, 1981, 71: 393 – 410.

[128] Wilson T C. Portfolio credit risk I [J]. Risk, 1997, 9 (10): 111 – 170.

后　记

本书能够顺利出版要归功于多方人士的热心帮助和我自身的艰苦努力。感谢上海高校智库国际经贸治理与中国改革开放联合研究中心对本书出版提供的资助。感谢上海对外经贸大学的领导和同事们在工作上的热心扶持和大力支持。

感谢经济科学出版社的编辑、校对员、排版、美编等工作人员对于本书尽快出版给予的鼎力支持，他们承担了大量繁重的文字校对和排版工作，正是他们热心无私的帮助才使得本书得以顺利出版，在此对他们的付出表示深深的感谢。

虽然我在本书的写作过程中力求精益求精，但跨境资本流动与银行体系风险防范这一议题仍属前沿研究领域，其中涉及领域和规则甚多，有关风险测算的方法也不尽相同，风险的评判指标尚存争议，很多问题仍在讨论过程中，鉴于学养之限，书中难免存在错误、遗漏和缺憾，望能就教于学界前辈、同仁。

王　茜

2022 年 11 月